História e retórica
Ensaios sobre historiografia antiga

História e retórica

Ensaios sobre historiografia antiga

Organizador:
Fábio Duarte Joly

Copyright © 2007 Fábio Duarte Joly

Edição: Joana Monteleone
Assistente Editorial: Guilherme Kroll Domingues
Projeto gráfico, diagramação e capa: Marilia Chaves
Revisão: Neusa Monteferrante
Imagem da capa: *Tsysdrus: casa dos meses*. Mosaico das Musas (Museu de El Jem).
Impressão: Gráfica Vida & Consciência

Dados Internacionais de Catalogação na Publicação (CIP)
(Sindicato Nacional dos Editores de Livros, RJ, Brasil)

História e retórica : ensaios sobre historiografia antiga / organizador Fábio Duarte Joly. - São Paulo : Alameda, 2007.

Inclui bibliografia

ISBN 978-85-98325-55-2

1. História antiga. 2. Historiografia. I. Joly, Fábio Duarte.

| 07-3318. | CDD: 907.2 |
| | CDU: 930 |

| 30.08.07   31.08.07 | 003317 |

ALAMEDA CASA EDITORIAL
Rua Ministro Ferreira Alves, 108 - Perdizes
CEP 05009-060 - São Paulo - SP
Tel. (11) 3862-0850
www.alamedaeditorial.com.br

Índice

Apresentação   7
Fábio Duarte Joly

Tucídides: a inquirição da verdade e a latência do heróico   13
Luiz Otávio de Magalhães

Políbio   45
Juliana Bastos Marques

Salústio e a historiografia romana   65
Pedro Paulo Abreu Funari
Renata Senna Garraffoni

A política como objeto de estudo: Tito Lívio e o pensamento historiográfico romano do século I a.C.   77
Breno Battistin Sebastiani

Comentário sobre as *RES GESTAE DIVI AVGVSTI*   97
Maria Luiza Corassin

Historiografia helenística em roupagem judaica: 119
Flávio Josefo, história e teologia
Vicente Dobroruka

Tácito, Sêneca e a historiografia   137
Fábio Faversani

Imagem, poder e amizade: Dião Cássio e o debate   147
Agripa-Mecenas
Ana Teresa Marques Gonçalves

História, verdade e justiça em Amiano Marcelino   165
Gilvan Ventura da Silva

Sobre os autores   183

Apresentação

Apesar de os principais centros de produção de conhecimento sobre a Antigüidade clássica estarem localizados nos Estados Unidos e Europa, os estudos clássicos têm cada vez mais conquistado espaço em nosso país. Tal fato é testemunhado pela atuação dos programas de pós-graduação em universidades brasileiras, responsáveis por dissertações e teses nos campos de Letras Clássicas e História Antiga, e pelos congressos e simpósios periodicamente realizados em território nacional. Fontes escritas orientais, gregas e romanas têm sido traduzidas para o português, muitas vezes em edições bilíngües, disponibilizando assim a estudantes e ao público em geral um material básico para o estudo das sociedades antigas. Paralelamente, tem ocorrido a publicação de livros de especialistas brasileiros sobre aspectos culturais, econômicos e políticos da Grécia, Roma e Oriente, ampliando os recursos em língua portuguesa em campos para cujo estudo se deve, tradicionalmente, recorrer à bibliografia estrangeira, de difícil acesso e alto custo.

Contribuir com esta salutar tendência atualmente observável no Brasil é o objetivo mais amplo da presente obra que versa sobre "historiografia antiga". As aspas justificam-se porque essa denominação certamente soaria estranha aos ouvidos dos antigos. Quando hoje falamos em historiografia vem-nos à mente a escrita da História como praticada por uma categoria específica de profissionais – os historiadores – e tendo como local de produção a universidade. No mundo antigo, pelo

8 História e retórica

contrário, como ressaltou François Hartog, "em momento algum, a historiografia foi substituída ou assumida por uma instituição que codificasse suas regras, a credenciasse e controlasse seus modos de legitimação"[1]. Logo, entre os historiadores antigos e os historiadores modernos há uma distância considerável, por mais que os segundos se esforcem em remeter suas origens aos primeiros.

Na Grécia e Roma antigas, as regras eram outras. A história era tratada no âmbito da retórica, estando portanto sujeita a determinadas normas de confecção do discurso, normas que a aproximavam e/ou a afastavam de outros domínios, como a poesia e a filosofia. E o próprio estatuto do historiador diferia bastante daquele que hoje nos é conhecido. Na Antigüidade a escrita da história foi, em geral, prerrogativa de homens que se dedicavam à política, o que de antemão já circunscrevia os temas a serem tratados e os objetivos de suas obras.

Nem sempre os modernos viram com bons olhos essas diferenças. Se, até o século XVIII, uma concepção da história como *magistra vitae* aproximava historiadores antigos e modernos[2], a partir do século XIX, na Europa, com a institucionalização da História como uma disciplina regida por métodos de crítica documental, os historiadores antigos foram considerados pouco precisos, fontes não muito confiáveis para se depreender os fatos passados, pois colocavam a retórica à frente da verdade. O embate se dava aqui, portanto, entre diferentes concepções de história e de verdade. Não seria o momento de nos estendermos nesse tópico, bastando lembrar que essa crítica oitocentista ainda se faz presente nos estudos sobre historiografia antiga, embora sob novo disfarce. Na esteira da abordagem advogada por Hayden White quanto ao caráter literário das narrativas historiográficas, estudiosos que se dedicam à análise dos escritos de historiadores gregos e romanos postulam que suas obras seriam mais literatura do que propriamente história, ao manipularem as verdades factuais

---

[1] *A História de Homero a Santo Agostinho*. Belo Horizonte: Ed. UFMG, 2001, p. 19.

[2] Ver o ensaio de Reinhart Koselleck, Historia magistra vitae. In: *Futuro Pasado: Para una Semántica de los Tiempos Históricos*. Barcelona: Paidos, 1993, p. 41-66.

por razões dramáticas. É assim, por exemplo, que Anthony J. Woodman – principal representante dessa linha – debruça-se sobre as obras de Tucídides, Cícero, Tito Lívio e Tácito[3].

Os artigos apresentados nesta coletânea seguem um rumo diferente, mas sem descartar o peso da retórica na composição da historiografia antiga. Buscam, porém, enfatizar que o protocolo de verdade adotado pelos historiadores antigos estava diretamente relacionado aos propósitos de suas obras, condicionados a suas respectivas posições sociopolíticas. Penso que esta seja uma linha de força que perpassa as contribuições aqui reunidas, de autoria de estudiosos brasileiros, a respeito de Tucídides, Políbio, Salústio, Tito Lívio, o imperador Augusto, Flávio Josefo, Tácito, Dião Cássio e Amiano Marcelino. Como se vê, o espectro de tempo coberto vai do século IV a.C. ao IV d.C., englobando autores que escreveram em grego e latim.

Inaugura a coletânea artigo de Luiz Otávio de Magalhães sobre Tucídides, cuja *História da Guerra do Peloponeso* é analisada buscando-se apresentar os pontos que a fazem tributária da composição épica, como representada na *Ilíada* e *Odisséia*. A persistência de um modelo narrativo de caráter heróico no tratamento tucidideano da polis ateniense e de Temístocles e Péricles revela quão equivocado é alegar uma ruptura completa entre história e epopéia.

Durante toda a Antiguidade Tucídides foi tomado como modelo de historiador. Até mesmo por Flávio Josefo, historiador judeu, em que pesem as diferenças culturais. Vicente Dobroruka revela as semelhanças e diferenças entre Tucídides e Josefo por meio da análise do conceito de *stasis* ("sedição", "convulsão popular") que Josefo toma emprestado do historiador grego, mas empregando-o segundo a tradição religiosa judaica, de acordo com a qual o sentido da história humana depende de Deus.

Além da sempre presente influência de Tucídides na evolução da historiografia greco-romana, um outro ponto comum que nos permite relacionar as obras, de Políbio a Amiano Marcelino, é de natureza temática.

---

[3] Ver seu *Rhetoric in Classical Historiography*. Portland, Areopagitica Press, 1988.

10 História e retórica

Como a leitura dos demais artigos da coletânea permite vislumbrar, o poder de Roma sobre seu império e as tensões internas dessa particular cidade-Estado da Antigüidade é o grande tema que norteia a escrita da História. Como exclama o grego Políbio – tratado no artigo de Juliana Bastos Marques – "pois quem seria tão inútil ou indolente a ponto de não desejar saber como e sob que espécie de constituição os romanos conseguiram em menos de cinqüenta e três anos submeter quase todo o mundo habitado ao seu governo exclusivo – fato nunca antes ocorrido?"

Políbio escreveu no século II a.C., época de extensão do poder romano sobre o Mediterrâneo e a Península Itálica, quando ocorreu uma concentração de riquezas nas mãos de uma aristocracia e de chefes militares – processo histórico também abordado por Salústio (tratado por Pedro Paulo Funari e Renata Garraffoni) e Tito Lívio (abordado por Breno Sebastiani) um século após Políbio –, cujas disputas, no século I a.C., dariam início ao Principado. Foi precisamente esse regime que tornou Roma uma cidade-Estado peculiar. Nas palavras de Fergus Millar, na historiografia imperial, "havia uma percepção real de que o tema essencial da história romana ainda podia ser visto como a cidade, suas instituições e seu povo: em suma, como a história de um tipo anômalo e estranho de cidade-Estado, que, por um lado, estendeu sua cidadania para toda Itália e além, e, por outro, governava um grande império. Porém, a anomalia mais acentuada era, naturalmente, de que era agora governada por um imperador, e todas suas complexas instituições sofreram transformações por esse fato"[4].

As *Res Gestae*, os feitos do primeiro imperador, Augusto, estudadas por Maria Luiza Corassin, revelam essa oscilação entre a afirmação do poder pessoal do *princeps* e a deferência ao Senado e ao povo de Roma. Aliás, a relação das elites romanas e provinciais com o imperador dá o tom das obras de Tácito, Dião Cássio e Amiano Marcelino, tratados, respectivamente, por Fábio Faversani, Ana Teresa Gonçalves e Gilvan

---

[4] Fergus Millar, "The Roman City-State under the Emperors, 29 BC-AD 69". *Prudentia*, supplementary number, 1998, p. 113-134.

Ventura. Como deveriam ser as relações de poder entre imperador e Senado? Como administrar um império de proporção continental em que prevalecia uma heterogeneidade de povos e culturas? Em todos esses autores, voltar-se para o passado também significa colher exemplos para o presente e futuro.

Nesse sentido, esta coletânea oferece matéria para discussão não só aos que fazem do estudo do mundo antigo seu *métier*, mas também àqueles que buscam tomar contato com outras formas de se pensar as relações entre o passado e a contemporaneidade.

Além de grato aos colaboradores deste volume e à Fapesp, por seu auxílio financeiro, gostaria de agradecer particularmente ao professor Marcos Antônio Lopes, de quem partiu inicialmente a idéia de um projeto coletivo sobre historiografia antiga e moderna, do qual este livro é um resultado.

Fábio Duarte Joly

Tucídides: a inquirição da verdade e a latência do heróico

Luiz Otávio de Magalhães

No que diz respeito aos acontecimentos passados, mesmo aqueles referentes à sua própria terra, os homens têm por hábito acolher, com seus ouvidos, os relatos tradicionais, sem se preocuparem em submetê-los a exame e a inquirição. [...] Pois a maioria dos homens é sempre descuidada no que tange à investigação da verdade (*alêtheia*), preferindo aceitar de pronto o que mais facilmente se oferece (Tucídides, I.20.1; I.20.3).

Em linhas gerais, as conclusões que, a partir das evidências, apresento, são condizentes com os acontecimentos transcorridos e não se deixam enganar pelas versões cantadas pelos poetas, que têm por ofício engrandecer e embelecer a realidade, nem pelas composições dos cronistas (*logographoi*), mais preocupados em seduzir os ouvidos do que em respeitar o verídico (*alêthês*) (Tucídides, I.21.1).

Aos que se inteirarem de minha narrativa pela audição, ela provavelmente parecerá, pela ausência do fabuloso (*to mythôdes*), grandemente desprovida de encanto. Mas, todos os que desejarem examinar com precisão tanto os acontecimentos passados como os que, em algum dia, voltarão a ocorrer de forma semelhante, em função do caráter humano (*to anthrôpinon*), julgarão minha narrativa útil e proveitosa (*ôphelimos*) e isto é o suficiente. Ela não foi composta para obter os aplausos numa competição momentânea, mas sim para se constituir, ao longo do tempo, em tesouro valioso (*ktêma*) (Tucídides, I.22.4).

14 História e retórica

Nestes três momentos de seu relato em torno da guerra que opôs atenienses e peloponésios, Tucídides se dedica a expor, a seu leitor, os atributos que distinguem sua narrativa dos outros gêneros de composição dedicados ao registro das ações humanas.

Na primeira citação, vemos o empenho de Tucídides em denunciar o que há de precário e inconsistente nas práticas habituais de acesso às informações em torno das ações humanas situadas no passado. De início, o cuidado em discriminar o modo como se efetiva, vulgarmente, este acesso aos acontecimentos pretéritos: *pelos ouvidos*. É acolhendo as palavras pronunciadas de boca em boca, de homem para homem, que as pessoas se informam sobre os eventos humanos. Não à toa, o primeiro verbo que surge no texto de Tucídides é *syngraphô* (I.1.1), "registrar por escrito"; trata-se, desde o início, de assinalar a distância que separa o relato que se apresenta dos modos tradicionais de aquisição das informações social e historicamente relevantes. Mas o interesse de Tucídides nessa passagem, mais do que identificar os mecanismos vulgares de transmissão de informações, é principalmente ressaltar suas deficiências e debilidades em relação à capacidade de revelar e preservar a verdade. Na primeira citação, Tucídides situa a origem de tais debilidades no âmbito do que é próprio ao homem comum: a tendência à comodidade, o hábito de se esquivar dos labores e dificuldades sempre que tal é possível. Assim, os homens contentam-se com as versões transmitidas de boca em boca, sem se dar ao trabalho de submetê-las à crítica, de confrontá-las com outros indícios. Limitação humana que faz de cada *polis* terreno livre e fértil para a disseminação de narrativas totalmente desvinculadas do âmbito da *alêtheia*, do verídico e do verificável.

Na segunda citação, Tucídides deixa de se preocupar com o público consumidor das narrativas tradicionais em torno dos eventos humanos e volta sua atenção para os compositores de tais narrativas. Menciona os poetas e os cronistas e confronta-os, a eles também, com o conceito de verdade, *alêtheia*. Poetas e cronistas, que se distinguem nos modos de composição (os primeiros, em verso; os segundos, em prosa), compartilham o mesmo desprezo ao verdadeiro; ao relatar as ações humanas pretéritas, tais compositores não se comprometem com a verdade, mas apenas com a exigência de seduzir e encantar seu público e, para isto, transformam seu ofício em arte de ampliar e embelecer, desta forma falsificando, a realidade.

Por fim, na terceira citação, depois de devidamente salientar as características (quanto à elaboração e recepção da informação) que conformam os modos vulgares de relato das ações do passado, Tucídides pode então avocar a profunda originalidade de seu labor compositivo. Ele não se preocupa em associar tal labor a um termo específico, que se oponha à *poiêsis* ou à *logographia*; não faz como Heródoto, que particulariza sua narrativa sob o epíteto de historia, investigação. Tucídides, inicialmente, trata de afirmar a originalidade negativa de seu relato: ele é, ao contrário das narrativas poéticas, desprovido daqueles componentes míticos e embelecedores que caracterizam o labor dos aedos e, em conseqüência, falto de eficácia sedutora perante um público ouvinte. Mas, em seguida, aponta Tucídides um elemento que autoriza o contrapor de sua composição com aquelas cantadas pelos servos das Musas: assim como a poesia, a finalidade da escrita narrativa de Tucídides situa-se na perspectiva de perpassar, de um extremo a outro (do passado ao futuro), toda a temporalidade da existência humana.

No mundo grego antigo, o poeta é um instrumento da memória: com seu canto, resgata do passado, salva do esquecimento acontecimentos e proezas julgadas notáveis e extraordinárias; com seu canto, projeta para o futuro, assegura a sobrevivência imorredoura dos ilustres agentes de tais proezas extraordinárias. Embora afirme altivamente não seguir o exemplo destes versificadores que, ao depararem-se com um tema, tratam de a ele engrandecer, Tucídides também pretende unir, com seu relato, o passado ao futuro. Mas, a analogia teleológica é apenas admitida para ser, logo, negada. Ao olhar para o futuro, Tucídides afirma nutrir a expectativa de que sua narrativa se constitua, ao "longo do tempo, em tesouro valioso", uma "aquisição para sempre" (*ktêma es aiei*); recusa-se, portanto, a admitir que seu relato se preste apenas, à maneira das composições poéticas, ao papel de monumento, laboração destinada a garantir a sobrevivência, pelos tempos vin-

16   História e retórica

douros, da memória de um fato ou de um personagem notável[1]; sua narrativa quer se projetar para o futuro não por seu caráter de monumento, mas pelo que exibe ela de útil e proveitosa (*ôphelimos*). E, desde que o relato tucidideano abdica em obter eficácia perpetuante mediante o encantamento dos ouvidos, é necessário estabelecer uma nova chave para a obtenção da sobrevivência imorredoura da narrativa: para Tucídides, é a busca humana pelo conhecimento verdadeiro, que se obtém mediante a análise e o exame acurado, que fornece a possibilidade de perenidade de sua composição. A obra tucidideana não pretende tomar como público o conjunto indistinto da multidão humana; ela visa justamente o homem não vulgar, o homem que exercita sua capacidade reflexiva, que, em vez de aceitar acriticamente relatos de segunda mão, exibe habilidades no examinar e no julgar. Esta aptidão intelectiva fornece a estes homens a possibilidade de identificar uma dada força motriz que, atuante em todas as ações humanas, a elas confere inteligibilidade e repetitividade. Para Tucídides, esta força motriz reside no âmbito do que é próprio ao homem (*to anthrôpinon*) e, sendo tal força inerente e inseparável da espécie humana, continuará ela a se manifestar desde que persistam os homens em existir.

Então, notáveis atributos reivindica Tucídides para seu relato em torno da guerra entre atenienses e peloponésios: em primeiro lugar, a pretensão de afirmar a verdade e o verdadeiro acerca dos acontecimentos humanos, identificando e esquivando-se dos obstáculos que se interpõem a tal realização (a indolência humana face aos rigores exigidos pela crítica e pela verificação, a tentação de seduzir o público mediante relatos tão grandiloqüentes e majestosos quanto inverídicos); em segundo lugar a afirmação da possibilidade de identificação de princípios de causalidade que regem e tornam inteligíveis as ações humanas.

Não à toa Tucídides foi reverenciado pelo Iluminismo, pelo historicismo e pelo positivismo como instituidor da história científica. Nos

---

[1] Aqui o contraponto tucidideano, no que se refere aos fundamentos teleológicos do labor narrativo, pode ser também estendido à declaração de Heródoto a respeito da finalidade de suas investigações: fazer com que as realizações humanas não se desvaneçam com o passar do tempo; assegurar que feitos grandiosos (*megala*) e admiráveis (*thômasta*), efetivados pelos gregos e pelos bárbaros, não permaneçam sem fama (*aklea*) (Hdt., I.1.0).

Tucídides: a inquirição da verdade e a latência do heróico   17

termos de F. Hartog: "se Heródoto foi o pai da história, Tucídides quis ser e foi reconhecido como o pai da história verdadeira"[2]. Instituir uma narrativa pautada pelo desvelar da verdade dos acontecimentos significa, para Tucídides, rejeitar e se opor aos cânones narrativos poéticos. Como afirma, de novo, Hartog, "a história, em todos os sentidos do termo, procede da epopéia: vem dela e dela se separou"[3].

Porém, seria talvez precipitado afirmar que a pretensão tucidideana de repulsa aos modos poéticos de composição se mostrou total e cabalmente exitosa. Bem o demonstra o afinco com que, nas últimas décadas, numerosos expoentes de correntes historiográficas pós-modernistas têm se empenhado em resgatar o cadáver de Tucídides do panteão erigido pelos propugnadores de uma história objetiva e científica.

Um tema, em particular, emblemático da composição épica, mostra-se recalcitrante ao empenho antipoético de Tucídides e, sorrateiramente, persiste nos entremeios de sua narrativa: o tema da perseguição heróica por glória e fama. Destacando a originalidade da narrativa tucidideana, Connor, ao analisar os capítulos da *História*[4] que compõem a Arqueologia, sentenciou:

> Os desenvolvimentos que Tucídides descreve não se apresentam como resultado de heróis ou de heroísmos, mas sim de desejos que haviam sido freqüentemente deplorados pela literatura arcaica. O auto-interesse, o desejo de lucro, e até mesmo o medo permitiram o crescimento do poder e da segurança na Grécia, assim como o esquivar-se da pobreza e dos perigos que caracterizavam os tempos primitivos[5].

---

[2] *Apud* A. Z. Vargas, *Ambigüidade e Barbárie: A Natureza nos Relatos de Desordem na Guerra dos Peloponésios e Atenienses, de Tucídides,* Tese de Doutorado, Faculdade de Filosofia, Letras e Ciências Humanas/USP, São Paulo, 2001, p. 25.

[3] F. Hartog, *A história de Homero a Santo Agostinho*, Belo Horizonte, Ed. UFMG, 2001, p. 21.

[4] O texto de Tucídides, normalmente identificado como *História da Guerra do Peloponeso* ou *História da Guerra entre Peloponésios e Atenienses*, será, ao longo deste trabalho, designado simplesmente como História.

[5] W. R. Connor, *Thucydides*, Princeton, Princeton University Press, 1985, p. 25-26.

18 História e retórica

Em que pese este consciente projeto de edificar uma história anti-heróica, o modelo do herói épico, ainda que não se mostre dominante no relato da *História*, lá persiste, recessivo, oculto e dissimulado por trás dos elementos impessoais que Tucídides por vezes aponta como princípios causais dos acontecimentos humanos.

Pode-se entrever a persistência deste modelo épico-heróico no tratamento dispensado pelo historiador a três dos principais protagonistas de sua narrativa: em primeiro lugar, a *polis* ateniense, encarada por Tucídides como personagem dotada de caráter específico e executora de ações condizentes a tal caráter; em segundo lugar, Temístocles e Péricles, personagens que comparecem na narrativa do historiador como autênticos heróis que se distinguem pela excelência ao ostentar as virtudes intelectivas e a razão previdente.

Atenas, Temístocles e Péricles: personagens que, em razão da superioridade que exibem, quer no âmbito das virtudes morais, quer no das virtudes perceptivas, terminam por concentrar em torno de si, os elementos que fornecem sentido, nexos causais e inteligibilidade ao curso dos acontecimentos investigados pelo historiador.

Atenas: Cidade-Herói

Quando alcança os eventos transcorridos no ano de 411, a narrativa tucidideana ressalta o sentimento geral de consternação, de pânico, que dominou os atenienses após terem estes obtido notícias que informavam sobre a perda da ilha de Eubéia para as forças peloponésias (Tucídides, VIII.96.1). Atormentava, principalmente, os atenienses, a possibilidade iminente de ver o inimigo vitorioso avançar, atrevendo-se a atacar até mesmo o Pireu, então desprovido de naus que o defendessem. Pela avaliação de Tucídides, tivessem os peloponésios se mostrado mais ousados e temerários (*tolmêroi*), facilmente teriam realizado tal empreendimento (Tucídides, VIII.96.4). Atacando o Pireu, os peloponésios ainda mais acirrariam o antagonismo que cindia a *polis* ática em divergentes facções e forçariam as tropas atenienses estacionadas na Jônia a corre em auxílio à sua cidade. Tal movimento franquearia aos lacedemônios a oportunidade de acrescentar, à já conquistada Eubéia, o Helesponto, a Jônia e as ilhas – em resumo, diz Tucídides, *hê Athênaiôn archê pasa*, a totalidade do império ateniense. Estaria, então, decidida a sorte da guerra.

Não se concretizou, porém, tal virtualidade. E o raciocínio apontado por Tucídides para tornar compreensível esta recusa peloponésia em adotar as ações concedentes da vitória, situa na índole, no caráter peculiar, no *tropos* da cidade espartana, a responsabilidade por esta potencialidade frustrada. Segundo a apreciação do historiador, foi a ampla dessemelhança de caráter que opunha atenienses e espartanos – "uns vivazes (*oxeis*), os outros lentos e vagarosos (*bradeis*); uns sempre dispostos a agir (*epicheirêtai*), outros continuamente desprovidos de ousadia (*atolmoi*)" – que propiciou, em numerosas oportunidades, vantagem aos atenienses. A veracidade desta ilação, complementa Tucídides, teria sido fornecida pelos sicilianos de Siracusa que, justamente por mostrarem-se semelhantes em caráter (*homoiotropoi*) aos atenienses, conseguiram, sobre estes, obter vitória nos campos de batalha (Tucídides, VIII.96.5).

O historiador, portanto, distingue uma força responsável pelo resultado dos empreendimentos humanos. Os espartanos não se apoderaram, tarefa que poderia ser facilmente alcançada, da *archê* dos atenienses apenas porque careciam de ousadia e audácia; os siracusanos, ao contrário, derrotaram seus adversários porque exibiam as mesmas virtudes de caráter – mostraram-se igualmente audazes e dispostos à ação – por estes ostentadas. A guerra tem os resultados de seus recontros definidos a partir dos traços de caráter das coletividades beligerantes. Parafraseando Cornford, a cidade gesta seu destino em seu próprio caráter[6].

---

[6] F. M. Cornford, *Thucydides Mythistoricus*, London, Routlegde & Kegan Paul Ltd., 1965, p. 70. Em outro momento de seu texto, Cornford sentenciou: "O maior contraste entre os antigos e os modernos historiadores é justamente este: os modernos instintiva e incessantemente perseguem a atuação de condições sociais, de fatores econômicos e topológicos, além de forças políticas e processos evolutivos – elementos que eles tentam apreender a partir de leis, tão gerais e abstratas quanto possível. Já os historiadores antigos se preocupavam simples e unicamente com os sentimentos, motivos, caracteres de indivíduos e cidades. Estes, e apenas estes [...] elementos pareciam, a eles, historiadores antigos, conformar o curso da história humana" (*idem,* p. 66).

20 História e retórica

Tucídides afirma, portanto, que os atenienses eram vivazes e dispostos a agir, enquanto os espartanos eram vagarosos e desprovidos de ousadia. As virtudes fundamentais para a definição do caráter de um dado agente histórico são aquelas que apontam para a maior ou menor capacidade de planejar, conduzir e executar ações. Perante a necessidade de ação, os atenienses são rápidos, vigorosos, ousados, sempre dispostos e determinados em executá-la; os espartanos, ao contrário, são hesitantes, carentes de audácia, de energia e de determinação, parecendo sempre preferirem esquivar-se das ações tornadas, pelas circunstâncias, necessárias. É interessante notar que, ao tratar, neste momento, do temperamento das cidades, Tucídides não cogita em contrapor um caráter particularmente inclinado ao engajamento em ações a outro mais propenso e dedicado à prática da reflexão. No âmbito dos modos de ser que influenciam os resultados da guerra, contam apenas as virtudes que propiciam ou embaraçam a ação; as primeiras favorecem a vitória, as segundas fazem seus portadores dela se afastarem.

Dentre as dezenas de referências, anotadas por Tucídides, ao caráter audacioso dos atenienses, destacamos aquelas referentes a três momentos cruciais para a demonstração do juízo tucidideano a respeito das causas da guerra e das implicações entre o caráter nacional ateniense e o desenrolar das ações bélicas que compõem a guerra monumental travada contra os peloponésios. Trata-se: a) das referências que associam a edificação do império à audácia (*tolma*) ateniense; b) das que assinalam o elogio de Péricles à audácia, na *Oração Fúnebre*, enquanto traço distintivo do temperamento de Atenas, e, por fim, c) da declaração do historiador que vincula a longevidade da guerra à força e à ousadia manifesta pelos áticos.

Em diferentes discursos apresentados ao longo de seu texto, Tucídides permite que seus enunciadores apresentem a vitória de Atenas sobre os persas invasores – ato primordial na constituição do império ateniense – enquanto triunfo adquirido graças à audácia e ousadia então exibidas pela cidade. No discurso atribuído a embaixadores atenienses presentes ao primeiro *Debate de Esparta*, os oradores afirmam que, na batalha de Salamina, onde a sorte de todos os helenos dependia de suas naus, Atenas contribuiu com os três fatores decisivos para a concessão

Tucídides: a inquirição da verdade e a latência do heróico 21

da vitória: o maior número de navios, o mais sagaz estratego e a mais resoluta disposição para o combate (Tucídides, I.74.1). Na seqüência, afirmam os oradores:

> Tivéssemos nós, no início daquela guerra – porque temerosos diante da ameaça a nosso território – nos permitido entrar em acordo com o Medo, tal como o fizeram outros dos helenos, ou se não manifestássemos ousadia (*tolma*) suficiente para embarcarmos em nossas naus – porque convencidos de nossa inapelável aniquilação – então, para vocês, espartanos, dada a ineficiência de suas naus, teria sido inútil combater no mar, e assim poderia o Bárbaro, com tranqüilidade, alcançar seus propósitos tal como desejava (Tucídides, I.74.4).

Portanto, porque inflexíveis em seu temperamento, recusando-se a pactuar com o inimigo invasor, não abdicando do comportamento audaz, mesmo quando já desapossados de suas terras e de sua própria cidade, os atenienses resistiram e derrotaram os persas, abrindo caminho tanto para a salvação de toda a Hélade perante a ameaça do Bárbaro como para, simultaneamente, o estabelecimento de sua própria, ateniense, hegemonia sobre os helenos.

Em outro momento da *História*, no primeiro discurso de Péricles, quando este conclama seus concidadãos a não transigir diante das demandas apresentadas pelos peloponésios e seus aliados, mais uma vez a fundação da primazia ateniense é apreendida enquanto proeza conquistada pela audácia, pela determinação e pela vontade. Péricles lembra a seus ouvintes que a geração anterior aos atenienses do presente resistiu e triunfou perante o avanço dos medos, "mais por sua decisão (*gnômê*) do que pelos caprichos do acaso (*tychê*); mais por sua ousadia (*tolma*) do que por sua força (*dynamis*)" (Tucídides, I.144.4).

Uma outra referência à audácia vinculada aos fundamentos do império ateniense é, ainda, encontrada no discurso atribuído por Tucídides a Eufemo, embaixador encarregado de, durante a campanha da Sicília, comparecer à assembléia de Camarina para convencer tal cidade a cerrar fileiras com os atenienses, em contraposição às forças comanda-

22   História e retórica

das por Siracusa e apoiadas pelos lacedemônios. Antecedendo à intervenção de Eufemo, Tucídides apresentara o discurso pronunciado pelo siracusano Hermócrates, que conclamara aos camarineus pela não adesão aos atenienses, salientando que, perante o poder de Atenas, todos os seus aliados se convertem em sujeitados, em escravizados; prova-o, argumentara Hermócrates, o tratamento dispensado pelos atenienses, no Egeu, a seus próprios irmãos de sangue, os iônios, destituídos de sua liberdade e autonomia em virtude da primazia coercitiva de Atenas. Replicando tal acusação, Eufemo afirma:

> Falando com precisão, nada de injusto (*adikos*) realizamos ao sujeitar os iônios e os insulares, nossos irmãos de sangue que os siracusanos declaram haver sido por nós reduzidos à escravidão. Eles, estes nossos irmãos de sangue, aliados aos medos, marcharam contra sua metrópole, contra nós, e não se mostraram audazes (*tolman*) para arriscar a revolta e sacrificar seus lares, como fizemos nós ao abandonarmos nossa cidade. Eles próprios se inclinaram pela escravidão e pretenderam imputar a nós tal submissão (Tucídides, VI.82.3-4).

Portanto, a distância que separa a completa liberdade – nela incluída a liberdade de a outros submeter – da sujeição é mensurável pela distância que opõe o temperamento audaz a um tímido e trépido. A exibição de ousadia franqueia as portas da primazia e da hegemonia, da mesma forma como a carência de audácia (*atolmia*) sela, aos que nela perseveram, o opróbrio do rebaixamento servil.

Então, ora desacompanhada, ora associada à riqueza (maior número de naus) ou à inteligência e ao cálculo (*synesis, gnômê*), a *tolma* comparece recorrentemente, ao longo do texto tucidideano, para tornar inteligível a construção da hegemonia ateniense.

Um outro conjunto importante de referências positivas à audácia, enquanto atributo distintivo do caráter ateniense, encontra-se na *Oração Fúnebre* atribuída por Tucídides a Péricles. Em seu discurso pronunciado no Ceramico, Péricles destaca a proeminência da audácia na edificação do império de que desfrutam os atenienses: a *dynamis*, o poder de Atenas, de uma grandeza que a torna merecedora da devoção apaixonada de todos

Tucídides: a inquirição da verdade e a latência do heróico   23

os seus habitantes, foi, diz a *Oração Fúnebre*, instituída graças à ação de homens audaciosos (*tolmêroi*), guiados por um poderoso sentimento de honra (Tucídides, II.43.1). Péricles exibe também orgulho pela constatação de que "nós [atenienses] coagimos todo mar e toda terra a abrir caminho para nossa audácia (*tolma*)"[7]. O poder de Atenas, que alcança todos os pontos da Hélade, que permite aos atenienses erguer, por toda parte, monumentos imperecíveis em honra à sua grandeza, é então nomeado através da virtude que o tornou possível. A *tolma* edificou a *dynamis* de Atenas; logo, *tolma* é o outro nome do poder e da hegemonia de Atenas.

Em sua *Oração Fúnebre*, Péricles afirma que o que distingue os atenienses em face de todos os demais helenos não é simplesmente a exibição da ousadia e da audácia, mas sim o perseverar nos comportamentos audazes mesmo sendo eles, atenienses, igualmente proeminentes no emprego do cálculo (verbo *eklogizesthai*), capazes de antecipar desdobramentos e perigos futuros derivados das opções de ação adotadas no presente (Tucídides, II.40.3). Ou seja, ao contrário do que normalmente se verifica entre os homens, no caso dos atenienses a audácia não pode ser qualificada como "irrefletida" (*alogistos*). E, para Péricles, o fato da *tolma* ateniense apresentar-se associada ao cálculo – a princípio uma habilidade humana oposta aos temperamentos tipificados pela audácia – não deve ser confundido como indício de atenuação ou abrandamento do ímpeto audacioso de Atenas. Pelo contrário, afirma o discurso, justamente porque não

---

[7] Tucídides, II.41.4. O Péricles tucidideano exalta a audácia ateniense que submete toda terra e todo mar. Esta celebração da valentia temerária, que se mostra superior aos elementos da natureza, faz lembrar a soberba atribuída por Heródoto a Xerxes que, furioso com uma tempestade que arruinara a ponte que deveria unir a Ásia à Europa, ordenou que se castigassem as águas do Helesponto com trezentas chicotadas e que nelas se atirassem travas apropriadas para subjugar animais. Ao cumprir a resolução do Rei bárbaro, seus serviçais teriam pronunciado as seguintes palavras ao Helesponto: "O rei Xerxes lhe atravessará, queira ou não" (Heródoto, VII.35.1-2). Mas, em Heródoto, esta disposição em mostrar-se superior ao mar é aprendida sob uma ótica eminentemente negativa, que nela denuncia o descomedimento, a *hybris* que antecipa uma monumental punição. Já pela exaltação pericleana da audácia, fazer ceder a terra e o mar, longe de se constituir em pretensão desmedida, revela-se como demonstração incontestável e positiva de grandeza, de superioridade, de valor, de *aristeia*.

24   História e retórica

desacompanhada do cálculo, a *tolma* dos atenienses merece ser considerada a mais nobre e insuperável (*kratistê*) dentre todas: os cidadãos da Ática
revelam-se singularmente ousados mesmo quando plenamente conscien-
tes da possibilidade de outras alternativas de ação que poderiam preser-
vá-los de riscos e perigos formidáveis, enquanto, no geral, audazes mostram-se aqueles que se opõem aos ditames da prudência não por opção,
mas apenas por deficiência perceptiva e intelectiva. Entre os atenienses, a
coragem – este outro nome da audácia – é verdadeiramente uma escolha,
um comportamento ao qual aderem os homens por sua livre vontade;
entre os demais homens audazes da Hélade, a coragem resume-se a uma
face um tanto mais nobre e digna da ignorância. Em resumo, portanto, o
cálculo, a inteligência, a excelência no uso da gnômê, que também distinguem os atenienses, não atenuam sua ousadia, mas sim a tornam ainda
mais admirável e incomparável.

Pelo discurso de Péricles, Atenas é ainda digna de ser admirada porque persiste na audácia a despeito não apenas de sua excelência no cálculo e na presciência, mas também de seu gosto pelas amenidades da
vida, pelo usufruir das facilidades e prazeres proporcionados justamente por sua formidável grandeza e por seu inigualável poder. No correr de
sua existência cotidiana, os atenienses inclinam-se pela afabilidade, pelo
relaxamento e pelo deleite, enquanto outros optam pelo fatigar-se ex-
tenuante dos *ponoi*, as labutas e esforços penosos[8]. Ainda assim, os atenienses jamais hesitam diante dos perigos (*kindynoi*) e, diante das pro-
vações da guerra, nunca se mostram inferiores em audácia a quaisquer
outros dos helenos. Isto acontece, afirma o discurso, porque, entre os
atenienses, a coragem (*andreia*), virtude gêmea da *tolma*, é um atributo derivado do caráter (*tropos*) e não obtido pela compulsão dos *nomoi*,
das leis (Tucídides, II.39.4).

---

[8] Este modo de existência ateniense, permeado pela constante fruição de prazeres, juntamente com a capacidade da *polis* ática em constranger toda terra e todo mar, confere a Atenas um
estatuto quase divino. Como os deuses, Atenas submete as forças e os elementos da natureza;
como os deuses, em consonância a este poder e a esta dominação régia, Atenas desfrui de uma
existência isenta dos *ponoi*, das penas e labutas que, desde que desaparecidos os homens da
Raça de Ouro, assinalam a consumição da vida entre os mortais.

Se a inigualável grandeza que atingiu Atenas é devida à intrépida ousadia de seus cidadãos, então os requisitos necessários para a preservação de tal grandeza pressupõem, também, a manutenção e perseverança nos modos audaciosos de conduta. Elogiando os mortos no primeiro ano da guerra contra os peloponésios, Péricles afirma que, entre eles, todos se entregaram à audácia e à bravura: os mais ricos não se deixaram desviar de tais virtudes movidos pelo desejo de continuar a usufruir suas riquezas; os mais pobres também delas não se afastaram em razão de sua esperança de um dia livrar-se da penúria. Portanto, ao encontrarem a morte enquanto exibiam bravura e ousadia, tais homens morreram como verdadeiros atenienses, ostentando as virtudes que lhes eram próprias e, para o futuro, diz Péricles, deverão os atenienses que agora o escutam não se mostrarem inferiores em ousadia a estes que pela audácia morreram (Tucídides, II.43.1): tal a condição para que Atenas preserve sua grandeza distintiva.

Desta forma, o *epitaphios* pericleano faz da *tolma* a virtude cardinal dos atenienses: eles podem ser ágeis de espírito e vivazes, inteligentes e reflexivos, amantes da beleza e da filosofia, apaixonados pela frugalidade de sua existência cotidiana e ciosos das festas que lhes proporcionam lazer e relaxamento; mas eles, os atenienses, são acima de tudo *tolmêroi*, uma vez que sua audácia e seu pendor para arrostar os mais formidáveis perigos sempre prevalecem quando confrontados com quaisquer outros dos atributos de caráter que os distinguem. E foi justamente esta prevalência da *tolma* no âmbito das virtudes que moldam o temperamento dos atenienses que assegurou, no passado, a edificação da grandeza ateniense do presente, e que, assim espera o Péricles do Ceramico, deverá ainda, no futuro, possibilitar a indefinida perpetuação de tal grandeza.

Por fim, concluindo esta digressão acerca das referências à audácia ateniense encontradas ao longo da *História*, destacamos as ponderações de Tucídides que vinculam a inigualável magnitude da guerra por ele narrada – magnitude corroborada pela singular extensão temporal e espacial atingida pelo conflito – ao caráter audacioso e temerário da cidade ática.

26 História e retórica

Entre os anos 414-413, as dificuldades enfrentadas por Atenas para sustentar as ações bélicas demandadas pela guerra eram, aos olhos de Tucídides, formidáveis. A cidade tinha parte de seu território ocupado e fortificado pelos inimigos peloponésios – ocupação que lhe interditava o usufruir de terras e de rebanhos, que animava a fuga de seus escravos, que impunha penosas restrições ao fluxo de provisões para a *polis* – e, simultaneamente, dedicava-se a outra guerra, de dimensões igualmente notáveis, contra as cidades gregas da Sicília. De *polis*, Atenas converteu-se em uma praça de guerra; seus cidadãos eram obrigados a, noite e dia, manterem-se atentos e vigilantes, extenuando-se diante das intempéries trazidas pelo verão e pelo inverno. Diz, então, Tucídides:

> O que mais os oprimia [aos atenienses] era o fato de enfrentarem, ao mesmo tempo, duas guerras. Ainda assim, exibiam eles uma paixão pela luta que pareceria inacreditável a quem quer que dela ouvisse falar. Pois, quem poderia imaginar que, mesmo sitiados pelos peloponésios – que então ocupavam seu território – eles, em vez de recuar em suas pretensões na Sicília, lá permaneceriam e sitiariam Siracusa? Logo Siracusa, uma cidade em nada inferior à própria Atenas! Os atenienses, então, ultrapassaram toda a expectativa alimentada pelos helenos a respeito de sua força (*dynamis*) e de sua audácia (*tolma*), uma vez que, no início do conflito, alguns acreditavam que, se os peloponésios ocupassem a *chôra* ática, os atenienses poderiam sustentar a guerra durante um, dois ou, no máximo, três anos. No entanto, dezessete anos após a primeira invasão peloponésia, os atenienses marchavam contra a Sicília, após terem se exposto a todas as vicissitudes inerentes aos combates, principiando uma nova guerra e da mesma amplitude do que aquela que travavam contra os espartanos (Tucídides, VII.28.3).

Ao iniciar sua obra, Tucídides afirmara haver se decidido por escrever a história da guerra entre atenienses e peloponésios tão logo visualizara suas primeiras manifestações, porque percebia que ela deveria alcançar grandes proporções e se mostrar como mais notável (*axiologos*) do que todas as precedentes: "foi o maior evento que, em todos os tempos, sacudiu o mundo helênico e, com ele, também uma parte do

Tucídides: a inquirição da verdade e a latência do heróico   27

mundo bárbaro – pode-se dizer, então, que ela atingiu a maior parte da humanidade" (Tucídides, I.1.1-2). Um pouco mais adiante, Tucídides voltou a insistir: "a guerra [entre atenienses e peloponésios] estendeu-se enormemente no tempo e acarretou, aos helenos, infortúnios e desgraças como nenhum outro evento foi capaz de provocar num mesmo intervalo de anos" (Tucídides, I.23.1). Agora, já próximo ao final de seu relato, Tucídides identifica os fatores que forneceram ao conflito por ele narrado esta insuperável magnitude – quanto à extensão de tempo, de espaço e de efetividade ruinosa. Foi o poder e a audácia dos atenienses, *dynamis* e *tolma*, que decretaram esta singular grandeza à guerra contra os lacedemônios. A rigor, foi especificamente a *tolma*, a audácia, a virtude ateniense fundamental para a definição da grandeza da guerra, uma vez que, como vimos anteriormente, em várias passagens Tucídides apreende a *dynamis* ateniense como tributária de sua *tolma*.

Além de vincular a magnitude da guerra ao caráter audacioso de Atenas, os comentários de Tucídides a respeito de sua persistência em, mesmo diante de adversas e desesperadoras circunstâncias que reclamavam o recuo e a moderação, continuar a exibir seus atributos específicos de caráter, mostram-se guiados por duas outras ordens de intenções.

Em primeiro lugar, Tucídides parece preocupado em fornecer, a seu leitor – que, ao conhecer seu texto estará já informado do resultado da guerra – uma resposta para a seguinte questão: se Atenas construiu seu império e sua *dynamis* graças à sua audácia; se, ao longo de toda guerra, Atenas continuou a, reiteradamente, exibir-se audaciosa; se o êxito costuma favorecer antes os destemidamente audazes do que os excessivamente prudentes; então como Atenas pôde sair derrotada num confronto com os peloponésios que, ao longo de todo conflito, mostraram-se regularmente hesitantes e temerosos? Como pôde a vacilação derrotar a ousadia? Os comentários de Tucídides, neste sentido, apontam para os limites conquistadores da *tolma*. Os atenienses foram derrotados não pela prudência peloponésia, mas sim pela grandeza impressionante de seus objetivos. Tucídides afirmou que a guerra atingiu todo o mundo helênico e boa parte do bárbaro – o que ele acreditava abarcar a maior parte da humanidade. Logo, a audácia ateniense saiu-se derrotada por-

28 História e retórica

que contra ela se opôs a maior parte de toda humanidade. A derrota de Atenas não sela o rebaixamento da audácia em face da prudência temerosa, mas apenas salienta que nem mesmo o mais ousado de todos os caracteres é capaz de prevalecer, sozinho, contra as forças conjuntas de toda humanidade.

Em segundo lugar, deve-se destacar a ausência de qualquer nuança incriminatória na declaração tucidideana sobre a persistência ateniense no comportar-se audacioso. Quando os espartanos cravam uma fortaleza no interior do território ático, os atenienses, ao invés de abandonar a Sicília para se dedicar exclusivamente à defesa de sua *chôra*, resolvem não apenas permanecer na ilha como ainda se arriscam a sitiar Siracusa, a maior de todas as cidades siciliotas. Tal decisão não é apreendida por Tucídides, neste momento da narrativa, como irracional e determinante para a derrota de Atenas; ela apenas demonstra que a audácia e a força de Atenas eram ainda maiores do que supunham seus inimigos ao início do conflito. A ruína de Atenas não revela sua degradação, mas sim sua persistência obstinada nos atributos que lhe conferiram grandeza. Permanecendo audaz, mesmo enquanto enfrentava não apenas uma, mas duas guerras de similar grandeza, a Atenas de Tucídides, às vésperas de sua derrocada, ao invés de exalar decadência, revela antes, à maneira dos heróis trágicos, o inflexível apego às virtudes de caráter que conformam sua identidade. Nada, nem a impressionante dimensão dos perigos a serem enfrentados, nem os sinais cada vez mais evidentes da derrota que se aproxima, é capaz de fazer Atenas se curvar. Pela audácia ela construiu sua grandeza; exibindo audácia ela marcha para sua ruína.

Em Tucídides, então, as virtudes morais ostentadas por uma determinada comunidade freqüentemente explicam e condicionam a dimensão de grandeza e de importância das ações por ela realizadas. Mas, este acolhimento do caráter e da moral enquanto elementos que elucidam os resultados alcançados pelos homens em seu agir, não impede Tucídides de igualmente reservar um papel de destaque às virtudes intelectivas enquanto força influente na definição dos destinos humanos. Porém, como veremos a seguir, enquanto as virtudes morais são, por um lado, de modo geral, distribuídas por Tucídides de forma coletiva, identificando inteiras

Tucídides: a inquirição da verdade e a latência do heróico   29

comunidades nacionais, as virtudes intelectivas, por outro lado, se mostram sempre relacionadas a indivíduos específicos, o que abre espaço, portanto, para a afirmação da relevância de agentes individuais e singulares como *aitioi*, responsáveis pelo curso verificado dos acontecimentos.

Tucídides e o herói presciente: Temístocles

Ao efetuar a despedida de Temístocles de sua narrativa, quando aborda as vicissitudes que o acompanharam nos últimos anos de sua vida, passados na corte do rei persa Artaxerxes, filho de Xerxes, Tucídides esmerou-se em salientar as excepcionais virtudes intelectivas que atribuía a este personagem:

> Temístocles ostentava, com efeito, os mais seguros sinais do poder e vigor das virtudes inatas (*physis*) e, neste aspecto, era ele digno de ser, mais que qualquer outro, reverenciado. Pela inteligência (*synesis*) que lhe era própria e natural, que não foi constituída nem suplementada pelo estudo ou aprendizado, era ele quem, nas crises repentinas, que exigiam as mais rápidas deliberações, mostrava-se superior (*kratistos*) no julgar e apreciar; da mesma forma, era ele quem, em relação às probabilidades mais distantes, mergulhadas no tempo futuro, revelava-se o melhor profeta (*aristos eikastés*). Quando se dedicava a um assunto qualquer, era capaz de expô-lo e explicá-lo detalhadamente e, nos momentos em que se defrontava com assuntos nos quais era inexperiente ou imperito, nem assim deixava de enunciar um julgamento adequado. As vantagens e prejuízos aderentes aos acontecimentos podiam ainda estar ocultos, mas ele os antecipava de forma excelente. Em poucas palavras, o poder de suas qualidades naturais (*physis*) e a insignificância de sua preocupação e estudo faziam de Temístocles insuperável (*kratistos*) na capacidade de, de improviso, atinar com as soluções reclamadas pelos acontecimentos (Tucídides, I.138.3).

Tucídides, portanto, salienta o caráter inato da habilidade perceptiva de Temístocles. Enquanto o comum apontava para a necessidade de aprendizado e aperfeiçoamento para o desenvolvimento das aptidões

30 História e retórica

intelectuais (lembremos a passagem aristotélica, na *Ética a Nicômaco*, na qual as virtudes intelectivas, como a *sophia* e a *synesis*, são caracterizadas como aquelas que requerem, para seu incremento, o ensinamento, a experiência e o tempo)[9], em Temístocles, ao contrário, tais habilidades eram inerentes a seu ser, inscreviam-se em sua própria *physis*. E não era simplesmente a sagacidade intelectiva que era congênita a Temístocles, mas sim a sagacidade intelectiva *com todo o vigor* que este exibiria em sua idade adulta. Pois a peculiar *synesis* de Temístocles não fora nem *constituída* e nem *suplementada* pelo ensinamento. Era ela singularmente auto-suficiente, poderosa e insuperável desde a origem. Bem o prova a constatação de que Temístocles apresentava, dentre todos os homens, o melhor julgamento, o melhor entendimento, mesmo a respeito de assuntos nos quais era ele *apeiros*, desprovido de experiência e de informações prévias. A primazia intelectiva de Temístocles prescinde de qualquer apoio, de qualquer conhecimento ou informação adquirida pelo ensino ou pela experiência.

Duas informações complementares nos fornece, ainda, Tucídides a respeito da sagacidade intelectual distintiva de Temístocles. A primeira refere-se à agilidade com que operava sua inteligência: "era ele quem, nas crises repentinas, que exigiam as mais rápidas deliberações, mostrava-se superior no julgar e apreciar". A *synesis* de Temístocles, então, reunia duas notáveis propriedades, além de se mostrar qualitativamente superior a todas as demais, também não demandava senão um curto intervalo de tempo para apresentar o resultado – que era sempre o melhor e o mais adequado – de suas reflexões. A sabedoria de Temístocles não exigia o vagar no meditar, a tranqüilidade para o pensar. Ela operava nos momentos de tensão, *nas crises repentinas*, no tempo do improviso. Estas duas propriedades do intelecto de Temístocles – sua agilidade e destreza – a ele conferiam, então, formidável primazia nos conselhos, nos ambientes de deliberação em que se conformavam a condução e orientação dos empreendimentos da comunidade. Pois estas reuniões se caracterizam justamente pelo tempo restrito destinado

---

[9] Aristóteles, *Ética a Nicômaco*, 1103a15.

à apreciação e discernimento das questões levantadas; reclamavam, dos que aspiravam sobressair em tal âmbito de atividade, precisamente destreza e agilidade mental. E, ainda, uma outra qualidade Tucídides identifica em Temístocles, que mais contribui para a cristalização de sua imagem como, nos conselhos, detentor da *aristeía*: além de produzir as melhores reflexões em um tempo limitado, ele também era capaz de expor, a todos, detalhada e claramente, o teor de tais reflexões. Portanto, pela percepção tucidideana, atribui-se a Temístocles tanto a superioridade intelectiva quanto a persuasiva, sendo esta assinalada apenas por sua capacidade de apresentar a seus concidadãos, de forma absolutamente clara e inteligível, os resultados alcançados por sua inteligência privilegiada.

A segunda informação suplementar fornecida por Tucídides a respeito do engenhoso intelecto de Temístocles nos notifica dos modos peculiares, para além de sua agilidade e rapidez, com que operava tal intelecto. Seu raciocínio buscava sempre inquirir as probabilidades mais distantes, mergulhadas no tempo futuro; ele antecipava, previa e predizia as vantagens e prejuízos futuros que se ocultavam nos acontecimentos presentes. Suas reflexões, então, buscavam sempre descortinar as realidades futuras. Daí, então, a metáfora usada por Tucídides para visualizar o *modus operandi* da *synesis* de Temístocles: ele era, dentre todos os que compareciam aos conselhos, o *melhor profeta*.

Desta forma, o Temístocles de Tucídides insere-se numa tradição que, desde Homero, tende a apreender a sapiência no aconselhar como uma variante secular da adivinhação. Temístocles torna-se, então, uma versão atualizada de Polidamas e Édipo, uma figuração mundana de Halitherses e Tirésias.

Mas não é apenas este parentesco com as figurações de tais personagens do mundo do *epos* que nos autoriza a pleitear pelo acolhimento de uma dimensão heróica na representação tucidideana de Temístocles. Pois, além de ilustre representante da estirpe dos heróis previdentes, Temístocles é também, no relato de Tucídides, um autêntico herói fundador: é ele a figura que se destaca no processo de instituição do império ateniense.

32   História e retórica

Nos capítulos integrantes da *Arqueologia,* Tucídides atribuía às atividades náuticas uma importância crucial no processo de concentração de poder e de riquezas que assinalara o desenvolvimento das comunidades helênicas num passado mais remoto. Seu relato, então, destaca os povos helenos que, nestes tempos pretéritos, mais se salientaram em razão de seus destacamentos navais: em primeiro lugar, os coríntios; em seguida, os iônios; posteriormente, os sâmios; por fim, os foceus (Tucídides, I.13.2-6). Quanto aos atenienses, afirma Tucídides, estes nada exibiam de notável, nestes tempos recuados, quanto à composição de uma frota (e, conseqüentemente, nada exibiam de notável quanto à concentração de riquezas e de poder), pois, complementa o historiador, os atenienses somente iriam começar a instituir seu poder naval em período mais recente, às vésperas das campanhas contra os persas. E, então, discrimina Tucídides o responsável por esta deliberação primordial a partir da qual se assentariam as bases do império que mais tarde desfruiria Atenas: Temístocles. Foi ele quem persuadiu os atenienses a engajarem-se na constituição de uma poderosa força naval com a qual haveriam de combater o Bárbaro (Tucídides, I.14.3).

No relato da *Pentacontaetia,* dedicado à exposição das causas que conduziram à formidável grandeza e *dynamis* de Atenas, novamente se destaca a figura de Temístocles. É ele quem, utilizando-se de sagacidade e astúcia, consegue ludibriar a oposição espartana e permite, à sua cidade, a edificação de um dos símbolos de seu poder: as *Grandes Muralhas* (Tucídides, I.90-92). Na seqüência do texto, Tucídides preocupa-se em ainda mais enfatizar a importância do papel desempenhado por Temístocles na constituição das bases do poder ateniense:

> Temístocles também os [aos atenienses] persuadiu a concluírem a edificação das muralhas do Pireu, que havia sido iniciada anteriormente, no ano em que ocupara a magistratura de arconte. Temístocles fiava-se na localização do Pireu que, com seus três ancoradouros naturais, parecia-lhe altamente favorável e, também, na idéia de que os atenienses deveriam transformar-se em um povo do mar (*nautikoi*) como estratégia para fazer acrescer seu poder (*dynamis*). De fato, ele foi o primeiro homem que ousou afirmar que os

atenienses deveriam voltar suas atenções para o mar e, em seguida, empenhou-se em preparar e estabelecer os fundamentos do império (Tucídides, I.93.3-4).

Herói fundador, Temístocles não apenas conduziu os atenienses para o mar, não apenas os orientou a construir navios e muralhas. Ele emprestou seu próprio caráter ao Império de Atenas. Pois, na origem do poder imperial ateniense divisa o historiador tanto a inteligência previsiva que enxerga no domínio dos mares a chave para a grandeza da cidade como, também, a ousadia primeira que, fundando, institui um modo próprio de ação que se tornará inerente a este império.

Desde Temístocles, a audácia torna-se o apanágio dos atenienses. Ele não pôde dotar os atenienses das mesmas virtudes intelectivas que ele próprio, o profeta da Eclésia, exibia, pois tais virtudes lhe eram inatas, inalienáveis, impossíveis de serem transmitidas quer pelo hábito, quer pelo aprendizado. Mas Temístocles, sussurra-nos Tucídides, pôde prover os atenienses, que converteu em marinheiros, de suas virtudes de caráter, de sua ousadia e de seu entranhado desejo de grandeza e fama. Assim, a imagem de Atenas conquistando celebridade e glória por sua audácia, arrostando ousadamente os enfrentamentos bélicos que selariam sua ruína é tributária das virtudes deste indivíduo singular, fundador do império e instituinte do caráter nacional dos atenienses.

Tucídides e o herói presciente: Péricles

Ao alcançar a morte de Péricles, a narrativa tucidideana transforma um capítulo destinado à apreciação das virtudes da liderança pericleana em seção reservada para a exposição das causas mais profundas que determinaram o malogro final de Atenas diante das forças peloponésias.

O elogio de Tucídides a Péricles afirma insistentemente o campo das virtudes intelectivas como âmbito específico de demonstração de sua excelência distintiva. Péricles, sustenta Tucídides, ao iniciar a guerra, prognosticou com precisão (verbo *progignôskein*), a *dynamis* de sua

34 História e retórica

cidade (Tucídides, II.65.5). E, após sua morte, o valor de suas previsões (*pronoia*) com relação ao conflito se tornou ainda mais evidente e reconhecido (Tucídides, II.65.6). Péricles, portanto, é o homem que prevê, homem capaz de, por seu raciocínio, antecipar as situações futuras e, por isso, o mais capaz de formular alternativas de ação para o presente. Ou, noutros termos, para Tucídides, a excelência cognitiva de Péricles se fundamenta na sua capacidade em, pela razão, apreender os elementos componentes da realidade presente e, a partir desta compreensão, divisar os desdobramentos futuros que, dissimuladamente, se gestam sob a intrincada teia dos acontecimentos observados.

Porém, continua Tucídides, não era apenas por força de sua superioridade perceptiva que Péricles se mostrava, aos olhos de seus concidadãos, merecedor de deferência e dignidade. Para o gozo da autoridade que desfrutava também concorriam suas manifestas virtudes éticas: ele era flagrantemente incorruptível (*adôros*) e jamais admitiu exercer a primazia entre os atenienses senão pelos meios por ele considerados dignos, sem jamais abdicar das convicções que a razão nele enraizava, rejeitando o caminho fácil até a ascensão que a submissão aos prazeres (*hêdonai*), caprichos e paixões (*orgê*) das massas franqueava (Tucídides, II.65.8). Paradoxalmente, esta recusa de Péricles em se deixar curvar frente aos impulsos da massa cidadã, faz com que ele seja por ela respeitado e, mais do que isto, faz com que esta se deixe conduzir por este homem que revela incomuns qualidades de caráter. Então, em Péricles, uma excelência moral vem se somar à sua excelência intelectiva, propiciando-lhe a oportunidade de conquistar primazia em outro âmbito de atividade: o do exercício da persuasão. E, sendo a superioridade persuasiva, na *politeia* democrática, a chave para o controle das ações do Estado, ao combinar excelência perceptiva, excelência ética e excelência persuasiva, Péricles torna-se o primeiro homem de Atenas e detém em suas mãos o destino de toda cidade: "Sob o nome democracia existia, de fato, a soberania (*archê*) do mais proeminente de seus [de Atenas] cidadãos (*prôtos anêr*)" (Tucídides, II.65.9).

Estando só no comando da cidade, Péricles é então responsável pela manutenção de sua grandeza ou por sua ruína. Foi ele, verdadeiro soberano de Atenas, que se recusou a admitir o recuo de sua cidade diante do ultimato apresentado pelos peloponésios e seus aliados. E, ao fazê-lo, mostrou-se convencido de que a guerra confirmaria e faria ainda mais acrescer a grandeza e a glória de Atenas.

Mas, ao invés de colher na guerra ainda mais poder e fama, Atenas nela encontrou a ruína e o declínio. Com a derrota na Sicília, diz Tucídides, Atenas se viu privada de boa parte de seus recursos bélicos, incluindo aí uma porção considerável de sua frota. Mas, ainda assim, salienta o historiador, ela continuou por mais dez anos a fazer frente a seus adversários, agora reforçados pela participação dos sicilianos, de antigos aliados que se rebelaram e aderiram ao bloco peloponésio e, por fim, de Ciro, o Bárbaro, que forneceu o dinheiro necessário para que os espartanos equipassem uma frota capaz de disputar o domínio ateniense do mar.

Mas, para Tucídides, a derrota ateniense, ao invés de denunciar o erro da antevidência de Péricles, antes confirma sua exatidão. Ao exortar seus concidadãos a aceitar a guerra, predizendo a vitória tranqüila, Péricles, como todos os atenienses, tinha em mente, como adversários, apenas os peloponésios (*Peloponnêsioi autoi*, diz Tucídides). Seria impossível para qualquer espírito, mesmo para o de Péricles, o mais formidável na arte de antecipar os acontecimentos futuros, imaginar que, mais de dezessete anos após o início do combate, as fileiras dos inimigos de Atenas pudessem se ver fortalecidas pelos efetivos da Sicília e pelo ouro persa. E mesmo enfrentando inimigos mais poderosos do que aqueles que se apresentaram para a avaliação de Péricles, mesmo arrostando tal desafio contando, agora, em razão do desastre da Sicília, com recursos militares e financeiros significativamente inferiores aos do início da guerra, Atenas, ainda assim, sustentou a guerra por mais dez anos. Então, a derrota, advinda em tais circunstâncias, somente comprova o acerto da previsão pericleana: Atenas, contando com a plenitude de seus recursos, em contraposição unicamente aos peloponésios, gozava de uma imensa superioridade e, nestas circunstâncias, a decisão mais apropriada seria a de aceitar a guerra como necessária e de manter-se renitente em sua postura de não ceder às pretensões dos peloponésios, que implicavam restrições no exercício de sua hegemonia.

36   História e retórica

Se, ao início da guerra, eram tão abundantes as forças de Atenas, então, por que não decidiu logo ela, a seu favor, o conflito? Por que Atenas permitiu que a guerra se desenrolasse por tanto tempo, dando oportunidade a que novos personagens entrassem em cena, revigorando as fileiras adversárias? Tucídides parece estar pretendendo responder a questões deste tipo quando declara: "Péricles sobreviveu dois anos e seis meses ao início da guerra..." (Tucídides, II.65.6). Em toda sua narrativa, Péricles é o único personagem cuja morte provoca no historiador o impulso de explicitamente situá-la em relação ao início do confronto. Por trás deste privilégio expositivo repousa, subentendida, uma explicação: é a morte de Péricles que torna inteligível a não consumação da vitória ateniense.

Tucídides assevera que, após o desaparecimento de Péricles, os atenienses agiram de forma contrária aos conselhos estratégicos por ele delineados. Além do mais, enquanto Péricles havia sido o mais distinguido de todos os homens de seu tempo, aqueles que aspiraram sucedê-lo, no comando das ações da cidadania, mostravam-se equivalentes uns aos outros, *isoi*, incapazes de, pela exibição de qualquer excelência, conquistar particular distinção. Desprovidos de virtudes, quer perceptivas, quer éticas, que propiciassem o cimentar da primazia, tais homens, ainda assim, aspiravam a proeminência política, movidos pelos impulsos instituintes da natureza humana: desejo de honra e desejo de lucro (*philotimia kai kerdos*) (Tucídides, II.65.7).

Desde então, o comando dos empreendimentos guerreiros atenienses passa a ser marcado pelo erro, pelo equívoco no avaliar e no julgar[10]. Não porque a política comandada por Péricles se mantivesse alheia à *philotimia* e ao *kerdos*. Mas, sob Péricles a ambição por distinção e por lucro, que definia os objetivos das ações do Estado, envolvia o conjunto da *polis*, ao passo que, sob seus sucessores, a aspiração por honra e proveito passa a situar-se no âmbito restrito do *idios*, do particular.

---

[10] Cf. o uso do verbo *hamartanein* em Tucídides, II.65.11.

Assim, durante a expedição da Sicília – que, por assinalar o reforço dos inimigos de Atenas pela inclusão, dentre eles, dos sicilianos, ao mesmo tempo que o declínio de seus recursos bélicos, consigna o ato inicial da derrocada dos atenienses – esses pretensos líderes que sucederam a Péricles, "em vez de, nos momentos de deliberação comum, adotar as medidas então apropriadas e convenientes para prestar auxílio [às forças já engajadas na campanha], ocuparam-se exclusivamente de suas contendas privadas em torno da eminência junto ao *dêmos*" (Tucídides, II.65.11). Ao final do capítulo, Tucídides é taxativo: embora, ao longo da guerra, em especial após os eventos da Sicília, sua cidade tivesse perdido boa parte de seus anteriormente abundantes recursos financeiros e militares; ainda que aos peloponésios tenham vindo se juntar outros poderosos inimigos, como os sicilianos e os medos; mesmo assim, não são estes os elementos que se constituem em causa da derrota dos atenienses; "os atenienses, na verdade, sucumbiram sob o efeito de seus próprios golpes, enredados por suas desavenças particulares" (*idiai diaphorai*) (Tucídides, II.65.12).

Outras ordens de razões, outras *aitiai*, outros princípios etiológicos, que não os impulsos instituintes da *anthrôpeia physis* ou as virtudes distintivas do caráter, aponta, então, o juízo de Tucídides para tornar compreensível a realidade observada pelo historiador. O resultado final dos empreendimentos humanos encontra-se também na dependência das virtudes intelectivas e dirigentes dos homens (pois que virtudes intelectivas e dirigentes são atributos de indivíduos específicos e particulares e não elementos constitutivos dos caracteres nacionais) que se propõem aconselhar e orientar tais empreendimentos.

Mas há no Péricles de Tucídides algo mais do que uma excelência perceptiva que a ele propicia uma correta leitura da realidade presente e uma capacidade de corretamente antever realidades futuras. Péricles não é apenas indivíduo de excepcionais virtudes intelectivas. Como foi Temístocles no passado, Péricles é o homem que no exibir de tais virtudes mostra-se insuperável, o que se revela capaz de a todos os outros, nessas artes, sobrepujar. Tucídides acentua de tal forma a superioridade e excelência dirigente/intelectiva de Péricles que culmina por posicioná-

38 História e retórica

lo, e apenas a ele, num patamar ontologicamente distinto em relação a todos os demais personagens que, na narrativa, lhe são coetâneos. Em resumo, Tucídides vê também em Péricles um herói e afirma o campo das virtudes intelectivas e dirigentes como âmbito de realização de sua *aristeía*.

Ao comentar os capítulos da *Arqueologia*, Connor salientou que a ênfase tucidideana em apontar forças impessoais, derivadas da essência da natureza humana, revelava a intenção do historiador em contrapor-se a uma tradição retórica, então dominante, que apontava o valor e a coragem máscula típica dos heróis tradicionais como causa e origem do crescimento do poder ateniense. Tucídides, então, desejava, deliberadamente, construir uma visão do passado que se mostrasse *anti-sentimental* e, fundamentalmente, *anti-heróica*[11]. Para Pouncey, Péricles é, em Tucídides, o *"First Man*, único, e seu isolamento revela a medida de sua transcendência em relação aos interesses partidários: é o isolamento do *First Man* que está sempre certo". Mas Pouncey, não obstante este tratamento privilegiado dispensado ao personagem de Péricles, nega que Tucídides desejasse fazer dele um herói; pelo contrário, o historiador procuraria apresentar seu personagem favorito apenas como um arquétipo do líder político ideal:

> Embora seu *status* seja único, não se trata, certamente, do *status* de um herói épico; ele [Péricles] não exibe qualquer preocupação com seu próprio *kleos* [fama gloriosa], e sua estratégia militar de não-confrontação, por sua racionalidade, é a antítese da iniciativa épica. [...] [Tucídides revela] uma espécie de interesse filosófico ao delinear o relacionamento ideal entre um Estado e seus líderes, assim como ao expressar a deprimente constatação de que tal relacionamento raramente se verifica – constatação que deve ser lamentada – seja por causa das imperfeições inerentes a qualquer corpo de cidadãos (ao Estado como um todo), seja pelo tipo médio de indivíduo que aspira liderá-lo. Nesse sentido, então, Tucídides faz de Péricles um arquétipo

---

[11] Connor, *op. cit.*, p. 25-26.

Tucídides: a inquirição da verdade e a latência do heróico   39

perfeito do homem de Estado, da mesma forma que faz de Cléon uma espécie de arquétipo da incapacidade de seus sucessores[12].

L. B. Carter também não se deixou seduzir pelos possíveis traços heróicos do Péricles tucidideano. Ele caracterizou a democracia como um sistema de governo complicado e ambíguo que, embora confiasse o poder à massa dos cidadãos, também reservava aos ricos e poderosos a oportunidade de exibir talento e obter prestígio. Mas, ao comentar um fragmento do *Filoctetes,* de Sófocles, estabeleceu que, na democracia, diferentemente do verificado em Homero, "a *timé* [honra] não mais era acompanhada por substanciais recompensas materiais e, mais importante, que em tal regime de governo, os chefes e capitães podem encenar seus feitos, podem exibir esforços e se expor a riscos. A cidade os honrará, mas, ao final de seus dias, nada mais serão que cidadãos ordinários"[13].

Replicando tais argumentos, contrários à admissão de uma dimensão heróica atribuída a Péricles por Tucídides, poderíamos, primeiramente, destacar que o intento essencial do elogio tucidideano é justamente o de evitar que, ao final de seus dias, Péricles fosse apreendido, pelos leitores da narrativa, como um cidadão ordinário. O relato do historiador, nesta altura, se deixa orientar pelo imperativo de fixar o caráter extraordinário de seu personagem principal. O texto afirma que, após sua morte, o valor e a excelência da presciência de Péricles se tornaram

---

[12] P. R. Pouncey, *The Necessities of War: A Study of Thucydides' Pessimism*, New York, Columbia University Press, 1980, p. 81. Pouncey, em outra passagem, igualmente exibe sua eloqüência ao procurar assinalar a distância e as dissimilitudes que separam, a seu ver, a história tucidideana da exaltação heróica típica da narrativa épica. Segundo ele, o texto tucidideano desaponta todo aquele que nutre qualquer expectativa de uma História íntima com a épica: "Para Tucídides, Clio não é uma deusa devotada à exaltação da fama pessoal, e a *areté* do homem de Estado não é a *areté* do herói épico. A matéria-prima da História é constituída por grandes movimentos de poder, produzidos por nações, não por indivíduos, e os maiores estadistas são aqueles que servem aos propósitos coletivos de suas cidades e não a seus próprios. Esta é uma considerável reorientação do gênero" (*Idem*, p. 78).

[13] L. B. Carter, *The Quiet Athenian*. Oxford, Clarendon Press, 1986, p. 18 e 29-30.

40   História e retórica

ainda mais notórios. Ou seja, a superioridade intelectiva e previsiva não se extingue com a morte do herói por ela distinguido; ela se perpetua no tempo ao alimentar a fama consagradora do nome Péricles.

Vivo, afirma Tucídides, Péricles era o mais ilustre dentre todos os atenienses. Perante o *dêmos*, Péricles era sempre livre e comandante, jamais um escravo, submisso e comandado. Como um ilustre personagem épico, sua existência era conformada pelas condições e convicções apenas por ele próprio determinadas, visto que ele julgava indigno guiar-se pelas condições e convicções impostas pelas massas. Morto, Péricles continuou a ser insuperável, pois jamais seu lugar foi ocupado, sendo cada um de seus sucessores incapaz de sobrepujar seus contemporâneos rivais. Tucídides, quanto aos sucessores de Péricles, não lamenta simplesmente a constatação de que estes não exibiam as mesmas virtudes intelectivas e dirigentes que aquele ostentava perante o povo reunido, mas, principalmente, o fato de se revelarem, entre eles, *isoi*, iguais; nenhum deles revelou grandeza suficiente para se afirmar como *prôtos*, como o mais proeminente dos atenienses. Em seu *logos* redigido em honra ao filho de Xantipo, Tucídides sugere que a morte de Péricles deixou Atenas privada não apenas de um dirigente sagaz, mas de um herói protetor e mantenedor da grandeza da cidade.

Péricles, de fato, tal como retratado por Tucídides, não exibe a típica obsessão épica-heróica em nortear suas ações e palavras tendo em mira a precípua determinação de assegurar, para seu próprio e exclusivo nome, o *athanaton kleos*, a fama que ultrapassa a morte. Mas nem por isso as suas ações e palavras se encontram dissociadas do ideal que preconiza a perseguição ao *kleos* como a mais nobre e digna meta a se alcançar através dos empreendimentos humanos.

Em primeiro lugar, porque a fama e glória imortais se constituem, sim, em objetivos finais das recomendações pericleanas; a diferença entre o mais ilustre ateniense e os heróis de Homero é que o primeiro abdica, ao menos aparentemente, de qualquer aspiração a uma fama individual, e conclama a cidade a engajar-se em ações que notabilizem e celebrem o nome de Atenas. Péricles substitui a ânsia pelo *kleos* individual pela conclamação que sustenta como possível a construção de um *kleos* coletivo.

Ele se propõe compartilhar, com todos seus concidadãos, a honra de ostentar uma fama que os destaquem, em todo tempo e em todo espaço, dentre a numerosa população de cidades e cidadãos que constituía a Hélade. Ele não se desvia do imperativo heróico que afirma a necessidade de conquistar fama excelsa; apenas o vulgariza, o democratiza.

Em segundo lugar, Péricles não se dissocia do *kleos* heróico porque, ainda que não se mostre contaminado pela *philotimia*, pelo anseio de carrear, para seu nome, distinção, é justamente distinção e fama imortal que, para seu nome, ele, *ao final de seus dias*, recolhe. E, para desfruir desta imorredoura fama, contou Péricles, como veículo de transmissão, para a posteridade, da exaltação celebrante de seu nome e de sua *aristeia* jamais igualada, exatamente com o julgamento de Tucídides, que se encarregou de fixar para sempre sua apreciação em torno das virtudes e da grandeza deste seu personagem. Em outras palavras, mesmo se admitirmos que Péricles *não exibe qualquer preocupação com seu próprio kleos*, resta a constatação de que Tucídides, por ele, pelo *kleos* de Péricles, se preocupa. O fato, suposto, de o líder não ver a si próprio como herói, não contradiz a interpretação afirmativa de uma similitude essencial entre, por um lado, as figurações épicas da grandeza heróica, grau máximo de magnificência passível de ser atingido pelos seres de mortal existência e, por outro lado, os recursos utilizados por Tucídides para retratar o *status*, ontologicamente único, e a todos seus contemporâneos e sucessores inalcançável, de Péricles.

Ainda, em terceiro lugar, uma outra ordem de considerações pode ser levantada para justificar a vinculação entre o Péricles tucidideano e a exaltação heróica do *kleos*. Tucídides jamais afirma que Péricles ansiava, por sua ação dirigente junto à *polis*, obter honra e fama pessoais, mas, por outro lado, salienta que, entre seus sucessores, o desejo por *timé* era uma das razões que os faziam ambicionar a proeminência no aconselhar a massa cidadã. Ou seja, estivesse ou não Péricles preocupado com seu *kleos*, por mais que suas palavras revelassem o generoso altruísmo de usufruir uma única e impessoal fama – aquela que seria compartilhada coletivamente por todos os atenienses, na condição de cidadãos da maior, em poder, em honras e em riquezas, de todas as *poleis* helêni-

42 História e retórica

cas – ainda assim permanece o fato de que o exercício da liderança na condução dos assuntos comuns conformava, na democracia, o âmbito das ações passíveis de proporcionar fama e glória aos indivíduos sedentos por distinção[14]. E desta efetividade honorífica do, aconselhando, comandar, mostravam-se perfeitamente cientes não apenas os sucessores de Péricles. Temístocles, nos retrata Plutarco (*Vida de Temístocles*), já se empenhara, décadas antes, em exercitar sua notável sagacidade e inteligência (*synesis*), com um ímpeto que jamais arredava, para conquistar o comando da cidade e, desta forma, alcançar reputação e honrarias ainda maiores do que as desfruídas, graças à vitória de Maratona, por Milcíades. E, se dermos crédito a outra anedota de Plutarco, o próprio Péricles mostrava-se igualmente ciente de quão tênue era a linha demarcatória entre a celebração da honra e da grandeza de uma cidade e a exaltação da fama e da *aristeía* de seu mais destacado líder. Quando Tucídides – não o historiador, mas o político, filho de Melésias – juntamente com seus aliados, encaminhou denúncia contra Péricles acusando-o de dilapidar os recursos da *polis* na construção de monumentos públicos, este, perante a Assembléia, inquiriu o *dêmos*, indagando se ele concordava com os termos da denúncia. Diante da resposta positiva da massa, Péricles retorquiu afirmando que as des-

---

[14] J. K. Davies distingue três etapas essenciais na história política de Atenas: a primeira, na qual os aristocratas, sempre ávidos por distinção e poder, asseguravam tais privilégios a partir do controle de cultos ou rituais associados a divindades específicas; a segunda, em que estes mesmos aristocratas utilizavam suas riquezas para, obtendo *charis* e o apoio dos cidadãos, lograrem obter as honrarias desejadas; por fim, a terceira, fase coincidente com a politeía democrática, em que a habilidade retórica e administrativa fornecia a chave para o acesso à fama, à distinção e à glória. *Apud* P. J. Rhodes, "Political Activity in Classical Athens", *Journal of Hellenic Studies*, 106, 1986, p. 132-133.

Francisco Marshall, discorrendo sobre o mesmo assunto, conclui: "No mundo da *isonomia*, abre-se espaço a um poder que ou decorre do saber, ou é por ele qualificado, em um contexto político em que se passa a valorizar acima de tudo o talento oratório e administrativo, a capacidade de compreender os reais problemas da cidade, administrar um grande domínio político (o império ateniense), formular alternativas pragmáticas, e expô-las com clareza à assembléia" (F. Marshall, *Saber, Verdade e Poder na Tragédia Édipo Tirano*, de Sófocles. Tese de Doutorado, Faculdade de Filosofia, Letras e Ciências Humanas/USP, São Paulo, 1996, p. 174).

pesas questionadas correriam por conta de seu próprio patrimônio pessoal, mas que, por este motivo, providenciaria para que nos monumentos – edifícios destinados a celebrar a fama e a grandeza de seus patrocinadores – fosse inscrito apenas o nome *Péricles* e não o do povo ateniense (Plutarco, *Vida de Péricles*). Moral da história: a celebração da fama e glória de uma cidade e a exaltação da reputação e grandeza do primeiro de seus cidadãos se configuram como procedimentos facilmente intercambiáveis.

Finalmente, um outro componente do elogio tucidideano a Péricles se nos afigura em perfeita similitude com as estratégias narrativas empregadas pela épica para destacar a grandeza heróica de seus protagonistas. Tucídides sustenta que as previsões de Péricles ao início da contenda – de que Atenas poderia, sozinha, derrotar os peloponésios e seus aliados – não foram desmentidas nem ao longo da guerra nem em seu final, com a derrota então consumada. Estabelece que as razões desta derrota assentam-se na retirada de Péricles da cena política ateniense, no desaparecimento de "uma espécie de liderança que seus sucessores jamais conseguiram igualar"[15]. É, portanto, a ausência de Péricles que torna inteligível a não efetivação dos perfeitos cálculos previsivos, a respeito do resultado da guerra, enunciados pelo próprio Péricles. Destarte, Tucídides afirma duplamente a excelência insuperável de seu herói: este exibe sua *aristeía* tanto quando em ação (ao exibir, enquanto comanda a cidade, suas incomparáveis virtudes intelectivas) como quando dela afastado (pois sua morte, seu afastamento da ação, é a causa da derrota de sua *polis*). Neste sentido, o estatuto desfruído por Péricles na narrativa tucidideana é análogo ao reservado pelo canto épico à figura de Aquiles, guerreiro que, após se mostrar, nos combates, o primeiro e mais valoroso dentre todos os heróis homicidas, divisa na derrota das hostes acaias, uma vez apartado das pelejas, o único meio capaz de assegurar a preservação da fama de sua excelência. Tanto em Tucídides como em Homero, a narrativa da derrota cumpre o objetivo de exaltar a grandeza e o valor dos campeões ausentes.

---

[15] V. Ehrenberg, *From Solon to Socrates. Greek History and Civilization during the 6th and 5th Centuries B.C.* 2.ed., London/New York, Methuen, 1973, p. 273.

Políbio

Juliana Bastos Marques

Dentre os principais historiadores gregos, Políbio é certamente o menos conhecido nos tempos atuais. Mesmo tendo grande influência no pensamento de Montesquieu e dos teóricos da independência americana, seu estilo nunca foi muito popular. Políbio é tido como um historiador altamente técnico, direto, minucioso e metodologicamente complexo – seus detratores simplesmente diriam cansativo. Tal avaliação esconde, porém, a grande importância de sua obra, inovadora em diversos aspectos: ele é o primeiro grande exemplo que temos de uma história de caráter universal, e não apenas centrada numa *polis* ou região; é o narrador por excelência do declínio do papel da Grécia no cenário político do Mediterrâneo, pois também é o primeiro a analisar a ascensão de Roma e seu estabelecimento como potência incontestável. É enfim o mais complexo autor a discutir os aspectos teórico-metodológicos do gênero da narrativa histórica em toda a Antigüidade - Platão, Aristóteles, Cícero e outros formularam teorias sobre a organização política da sociedade greco-romana, mas Políbio foi o único historiador a tratar a fundo tais questões, aplicadas a uma realidade histórica determinada.

É por Políbio que temos o relato detalhado das três Guerras Púnicas, quando Roma subjugou Cartago e se estabeleceu como a maior potência do Mediterrâneo. O propósito maior de sua obra é apresentar e explicar ao mundo grego as razões da ascensão romana e do sucesso de sua estrutura

46 História e retórica

política, social e militar. De fato, já no início o próprio autor declara seu tema principal:

> Pois quem seria tão inútil ou indolente a ponto de não desejar saber como e sob que espécie de constituição os romanos conseguiram em menos de cinqüenta e três anos submeter quase todo o mundo habitado ao seu governo exclusivo – fato nunca antes ocorrido? (1.1)[1]

Políbio nasceu por volta de 200 a.c. na cidade grega de Megalópolis, situada na região da Aquéia, no centro da península do Peloponeso. Na época de seu nascimento, a divisão política da região ainda seguia em termos gerais a partilha do império macedônico feita após a morte de Alexandre. Na Macedônia governava a dinastia Antigônida, na Síria os Selêucidas, e no Egito a descendência de Ptolomeu substituía os faraós – reinos esses que eram poderosos o suficiente para ambicionar o domínio das regiões gregas independentes, como a Aquéia de Políbio. Outros reinos menores também se consolidavam politicamente, como Pérgamo, Rodes, Capadócia e Bitínia, e as alianças militares que os envolviam foram por vezes importantes no decorrer das guerras romanas de expansão do século II a. C.

Dentro da Grécia propriamente dita, as cidades haviam se agrupado em ligas independentes, autônomas, porém suscetíveis à influência de aliados militares mais poderosos. A Confederação Aquéia era uma dessas ligas, e na época de Políbio abrangia boa parte do Peloponeso. Sua

---

[1] Tradução de Mário da Gama Kury, Polibios, *História*, Editora Universidade de Brasília, 1985, p. 41. Esta é a tradução de Políbio mais acessível em português no Brasil (os excertos citados aqui contêm suas transliterações exatas do grego, daí "Políbios"). Em inglês, a tradução da Penguin Books, POLYBIUS, *The Rise of the Roman Empire*, translated by Ian Scott-Kilvert, London, Penguin, 1979, é moderna, acessível e contém uma excelente introdução de autoria do maior especialista sobre Políbio, Frank Walbank. Ambas essas edições, porém, são incompletas. Para o texto completo, as edições mais usadas são a da Loeb Classical Library, POLYBIUS, *The Histories*, with an English translation by W. R. Paton, 6 vols., Cambridge, Harvard University Press, 1954 (inglês e grego), e da Belles Lettres, POLYBE, *Histoires*, trad. P. Pédech et al., 10 vols, Paris, Les Belles Lettres, 1995 (francês e grego).

estrutura a tornava muito diferente da forma política do período clássico grego, descentralizado em cidades-Estado independentes, e podemos dizer que era até mesmo uma certa versão prévia do Estado como concebemos: todas as cidades da liga tinham unificados a lei, o sistema monetário, os pesos e medidas, e um só sistema administrativo de magistrados, assembléia e tribunal[2].

Foi dentro do ambiente aristocrático dos administradores da Confederação Aquéia que Políbio cresceu. Seu pai, Licortas, se tornou estratego, o mais alto magistrado e comandante militar, sucedendo Filopôimen depois da morte deste, em 182 a.C. Políbio teve a honra de carregar a urna com as cinzas de Filopôimen e depois escreveu uma biografia do general, texto que depois se perdeu, mas que foi possivelmente fonte para a *Vida de Filopôimen*, de Plutarco. Em tal ambiente, a educação de Políbio foi antes de tudo voltada para o mundo militar, aprendendo a valorizar as atividades práticas, os conhecimentos empíricos e a observação direta – elementos que mais tarde seriam fundamentais para sua concepção de história. É possível detectar em seu texto traços de um conhecimento acadêmico regular, mas nada além do padrão da formação de um aristocrata em geral.

Em 170 a.C. Políbio se tornou hiparco, comandante da cavalaria e cargo abaixo apenas de estratego. Nesse período Roma passou a determinar o destino da Confederação Aquéia, que até então fazia o possível para ser neutra e independente. Após vencer a guerra contra Perseu, rei dos macedônios, os romanos exigiram das ligas gregas aliança incondicional. Calícrates, da facção pró-romana dentro da liga Aquéia, denunciou diversos conterrâneos seus, entre eles Políbio, que foram depois levados sob custódia para a Itália sem no entanto qualquer acusação ou julgamento.

Políbio permaneceu em Roma por dezesseis anos, voltando posteriormente à Grécia, em 150 a.C. Mas sua posição de destaque como aristocrata, reconhecida em Roma, lhe trouxe a sorte de se aproximar das famílias mais proeminentes da sociedade romana através da amizade

---

[2] Políbio, II, 37.

48   História e retórica

do jovem Cipião Emiliano. Cipião era filho de Emílio Paulo, general que derrotou o macedônio Perseu, mas tinha sido adotado[3] pela família dos Cornélios Cipiões, tornando-se portanto neto de Cipião, o Africano, que derrotou Aníbal na Segunda Guerra Púnica. Em razão dessa amizade, Políbio desfrutou de um confinamento bastante flexível, e pôde viajar diversas vezes, bem como acompanhar de perto os eventos e bastidores da política romana.

Ao retornar à Grécia, Políbio se deparou com uma situação política completamente diferente da que conhecera. Os romanos haviam destruído totalmente a cidade de Corinto, assim como fizeram com Cartago, e as confederações de cidades gregas já não existiam. Coube a Políbio a missão de agir como intermediário entre o poder de Roma e seus novos súditos, adaptando as cidades ao novo regime político e constitucional. Mesmo depois de voltar à Grécia, Políbio ainda manteve contato com Cipião, acompanhando o general quando este testemunhou a destruição de Cartago, em 146 a.C. A presença do historiador – como amigo e mentor intelectual de Cipião – no comando militar romano também ajudou a ampliar seus conhecimentos de estratégia militar, resultando na elaboração de um tratado de guerra conhecido com *Táticas*, agora perdido. Foi também nesse último período de sua vida que ele escreveu suas *Histórias*, mas pouco sabemos de sua carreira até sua morte, sobre a qual a tradição[4] diz que se deveu a uma queda de cavalo, contando Políbio 82 anos de idade.

Sua obra, com o título genérico de *Histórias*, foi um trabalho de grande magnitude. Ao seu término, era composta de quarenta livros, sendo trinta e nove deles a narrativa propriamente dita e o último um índice póstumo. Entretanto, o plano original de Políbio era um pouco menor: mostrar em trinta livros como se deu a escalada de Roma como

---

[3] A adoção em Roma era uma espécie de contrato político e familiar, com o objetivo de assegurar a sucessão de uma determinada família. Dessa forma, um homem poderia ser adotado já adulto, mesmo que seu pai verdadeiro ainda estivesse vivo.

[4] A partir de um texto de origem dúbia – Pseudo-Luciano, Macrobioi, 23.

a maior potência do Mediterrâneo, de 220 a 168 a.C. Os dois primeiros livros formam um prelúdio da narrativa principal e contêm o relato da Primeira Guerra Púnica, quando Roma desafiou Cartago pela primeira vez e conquistou a Sicília, estabelecendo-se também como potência marítima. O livro 29 fecharia a narrativa original com a derrota de Perseu e o fim do império macedônico. Porém, os acontecimentos posteriores e a terceira Guerra Púnica fizeram Políbio mudar de planos, e ele reescreveu o início do terceiro livro para justificar a adição de mais dez novos livros, cobrindo assim os anos de 168 a 146 a.C., até a destruição de Corinto e de Cartago[5].

Infelizmente, assim como quase todos os outros textos da Antigüidade, a obra de Políbio chegou até nós em estado incompleto – de fato, estima-se que apenas um terço do texto tenha sobrevivido. Temos hoje completos apenas os livros 1 ao 5, com o livro 6 quase completo, metade do livro 12 e fragmentos diversos de alguns dos outros livros[6]. A maior parte desses fragmentos faz parte de uma seleção compilada no século X pelo imperador bizantino Constantino VII Porfirogeneta, que agrupou seleções de Políbio e de outros autores em temas diversos como *Virtudes e vícios, Embaixadas e Estrategemas*, destacando, portanto, episódios anedóticos da lógica narrativa original em que estavam incluídos. O conjunto desses fragmentos restantes não nos mostra um perfil sempre adequado do estilo de Políbio, pois as digressões são exceções em sua narrativa – sua maior característica é justamente a objetividade. No entanto, a digressão, mesmo ele admite, é um item obrigatório. Suas maiores variações de tema formam livros destacados da narrativa principal: no livro 6, ele faz uma análise profunda da constituição romana, a que chama de mista, e procura explicar por que ela se consolidou e por que é o fator mais importante da estabilidade, força e sucesso de Roma; no livro 12, faz um ataque pesado à metodologia e ao estilo dos historiadores helenísticos que o precederam, em especial seu antecessor imediato, Timeu; e no livro 34, o menos preservado dos três, Políbio faz uma análise da geografia do Mediterrâneo.

---

[5] Um sucinto mas bom resumo está em Marnie Hugues-Warrington, *50 grandes pensadores da História*. São Paulo, Contexto, 2002.

[6] Nada sobreviveu dos livros 17, 19, 26, 37 e do índice do livro 40.

50   História e retórica

Na historiografia antiga o uso de digressões é essencial para adicionar ao texto momentos de distração e de leveza que aliviariam a leitura e a tornariam mais interessante. Os historiadores helenísticos tinham, de fato, estendido em muito esse recurso, e, ao se afastar radicalmente dessa tendência, Políbio procura ao mesmo tempo evitar o excesso de digressões e ressalta constantemente sua metodologia, bem mais objetiva[7]. Desde a decadência política das cidades-Estado gregas e o surgimento de monarquias – especialmente a partir da expansão da Macedônia com Filipe II e Alexandre, as narrativas históricas passaram a adquirir um caráter mais anedótico e restrito, e as biografias se tornaram mais proeminentes. Mesmo no caso de histórias locais, o caráter "biográfico" da história de uma cidade ou região também fazia com que o estilo helenístico se afastasse cada vez mais da tendência metodológica objetiva de Tucídides. Portanto, nesse sentido a obra de Políbio significa uma retomada do perfil tucidideano de escrever a história, preocupando-se com a pesquisa dos fatos, a busca da verdade e o rigor de uma postura imparcial pretendida pelo historiador[8].

Para Políbio, o propósito da História era inteiramente diverso do entretenimento proporcionado pelos seus antecessores mais recentes. Sua obra deveria ser austera e direta porque deveria servir como exemplo aos homens, e como guia forjado no passado para conduzir as ações no presente e no futuro, imitando os êxitos ou especialmente evitando os erros antes cometidos. Tal objetivo soa familiar ainda hoje, pois influenciou imensamente alguns pensadores e a historiografia até o século XIX. Porém, o sentido disso para Políbio era bem mais restrito; ele denominou a história que escrevia de "pragmática", que tinha o significado específico de história política e militar e seria, portanto, um instrumento para o estadista e para o estudante de política e de táticas militares.

---

[7] Para uma discussão sobre os objetivos e a metodologia na historiografia antiga, ver Charles W. Fornara, *The Nature of History in Ancient Greece and Rome*. Berkeley, Los Angeles/London, University of California Press, 1983 e John Marincola, *Authority and Tradition in Ancient Historiography*. Cambridge, Cambridge University Press, 1999.

[8] Veja-se a análise de Arnaldo Momigliano no segundo capítulo de *As raízes clássicas da historiografia moderna*, Bauru, EDUSC, 2004.

Dado o seu caráter utilitário, a obra de Políbio mostra um didatismo bastante evidente e incomum dentre as narrativas históricas da Antigüidade. Ele é sem dúvida o historiador antigo mais metódico, ao mencionar constantemente seu assunto, por que o apresenta em um determinado contexto, de que forma o faz e como não se deve explicá-lo[9].

No livro 12 e em outras diversas passagens da sua obra, Políbio recrimina diretamente alguns autores que se deixaram levar pelo estilo trágico de escrever história, que para ele não deve nem pode mesmo ser levado a sério. O propósito de histórias como essas era antes de tudo comover o leitor, como ele critica em Filarco:

> De um modo geral, em toda a sua obra Fílarcos faz muitas afirmações impensadas e ao acaso; [...] Na ânsia de excitar a piedade em seus leitores e atrair-lhes a simpatia ele pinta um quadro de mulheres abraçando-se, com os cabelos desgrenhados e os seios nus, ou ainda de grupos de homens e mulheres gemendo e chorando misturados com seus filhos e seus pais idosos sendo arrastados para a escravidão (2, 56).

Os historiadores que precederam Políbio seriam para ele falsos e manipuladores, pois não apenas teriam deixado de confirmar a verdadeira natureza dos fatos através de uma pesquisa aprofundada mas também conduziriam o leitor para aceitar uma determinada leitura da realidade. Políbio elege seu antecessor Timeu como o grande vilão, representando tudo o que um historiador não deveria fazer, e no livro 12 enumera todos os defeitos do rival. Timeu, no entanto, tinha seus méritos: foi o responsável pelo estabelecimento da cronologia baseada nas Olimpíadas[10], que o próprio Políbio adotou, e parece ter sido considerado como importante autoridade nos eventos que descreveu – mesmo após todo o ataque de Políbio. Para este, o maior defeito de Timeu era ser um "historiador de

---

[9] Sobre seu pragmatismo, ver T. J. Luce, *The Greek Historians*, London/New York, Routledge, 1997, cap. 7.

[10] Que tinha como ponto inicial de referência a primeira Olímpíada, em 776 a.C. e se contava em intervalos de quatro anos.

52 História e retórica

gabinete", trabalhando apenas com documentos e examinando referências de segunda mão (o que, ironicamente, está mais próximo do conceito atual do trabalho do historiador). Pois como Timeu poderia verificar a veracidade dos fatos que narrava se não tinha conhecimentos práticos, vivência no ambiente militar e noção do espaço físico onde os acontecimentos se passaram? Timeu seria, portanto, inexperiente e incapaz de analisar os fatos com autoridade, o que nem sempre para Políbio é acidental – muitas vezes Timeu é acusado de ser deliberadamente enganador, por exemplo, quando não transcreve fielmente discursos (12.25a).

Apesar de ser extremamente duro e às vezes injusto em suas críticas, Políbio faz um esforço genuíno para demonstrar que seu método é diferente e mais confiável. Se Timeu é acusado de não conferir suas fontes, Políbio viaja a diversos lugares para procurar documentos, transcrições de discursos, testemunhos diretos e tudo o mais que possa validar sua pesquisa. Por exemplo, ele identifica uma inscrição de Aníbal dando os detalhes numéricos das tropas que invadiram a Itália (3.33), e cita um tratado entre romanos e cartagineses datado dos primeiros anos da República, cujo latim era tão antigo que ele mal conseguia compreender (3.22). Se Timeu e os historiadores precedentes escrevem uma história falha, para não dizer falsa, Políbio se põe então no papel de quem irá finalmente dizer a verdade. A importância do estabelecimento da verdade está diretamente relacionada à idéia de "história pragmática", porquanto a precisão do relato é o que faz a narrativa realmente útil para o leitor, que a usa como manual de conduta para a vida pública[11].

São três os elementos principais que compõem a autoridade de um historiador para Políbio. Em primeiro lugar, temos a pesquisa em documentos e a consulta a testemunhas. Como vimos, embora isso seja importante, não deve ser a única forma de pesquisa possível. Além do que, é isso que determina o fato de que para Políbio, assim como para muitos outros historiadores antigos, só a história contemporânea é realmente fac-

---

[11] O livro de Kenneth Sachs, *Polybius on the writing of history*, Berkeley, University of California Press, 1981, é basicamente uma análise do livro 12.

tível, dado que não se pode estabelecer a verdade corretamente quando os testemunhos são indiretos e fornecem a memória imprecisa de fatos já há muito ocorridos. E quanto ao uso dos documentos, para o historiador antigo, requentar o que já foi escrito sobre um determinado assunto por outro autor não era visto como digno de mérito e atenção[12] – daí que Políbio só menciona que usou certos documentos para acrescentar algum argumento ou fato não mencionado antes, ou mencionado erroneamente.

O segundo elemento é a experiência política e militar, sobre a qual Políbio pode alegar autoridade devido à sua formação, *status* social e vivência. Este é um ponto que o une ao que posteriormente caracterizaria a historiografia romana – em geral, escrever histórias em Roma era algo restrito à elite aristocrática, ou seja, aos senadores. Temos hoje alguns autores e textos preservados que fogem do padrão, como é o caso de Tito Lívio, Suetônio e Amiano Marcelino, mas Salústio, Tácito e dezenas de outros autores romanos que não chegaram até nós são típicos representantes da noção romana de que escrever história requeria a vivência da atividade política e o conhecimento real das campanhas militares e dos procedimentos táticos no campo de batalha[13].

Por fim, o terceiro elemento que legitima a autoridade de historiador em Políbio é o conhecimento do espaço geográfico, das diferentes regiões, cidades, mares e rios. Já vimos que ele foi um viajante, cujas expedições tinham o intuito de fornecer o contexto mais exato possível dos fatos que narrava. Essa característica o coloca como o primeiro historiador a escrever uma história realmente universal[14], pois embora seu foco principal seja Roma, ele trata sempre que possível dos acontecimentos de todas as regiões do mundo conhecido.

Escrever uma história universal, porém, não seria apenas um aspecto da busca da correção e da verdade no texto, mas sim parte de um propó-

---

[12] Marincola, *op. cit.*, p. 241.

[13] Uma boa introdução à historiografia romana é Ronald Mellor, *The Roman Historians*. London/New York, Routledge, 1999.

[14] Na verdade, o segundo. Ele mesmo diz que seguiu os passos do historiador Éforo, cujos textos não sobreviveram até nós.

54 História e retórica

sito muito maior. Para Políbio, era necessário expandir os horizontes de análise e abarcar todo o mundo, pois só assim o leitor poderia entender como foi que Roma, dentro do contexto político iniciado com a Primeira Guerra Púnica, pôde reunir as melhores condições para se expandir e conquistar em tão pouco tempo os principais rivais. A História deveria ser universal, pois agora o mundo era um todo coeso, e um fato ocorrido em uma determinada região poderia pela primeira vez afetar outras, ainda que distantes.

> Até essa época [o início da Segunda Guerra Púnica] os eventos mundiais tinham sido por assim dizer dispersos, pois não eram interligados por uma unidade de iniciativa, de resultados ou de localização; desde essa época, porém, a história passou a ser um todo orgânico, e os eventos na Itália e na Líbia interligaram-se com os da Hélade e da Ásia, todos convergindo para um único fim. Por isso a nossa história pragmática inicia-se nessa época. Realmente, foi por causa da derrota imposta aos cartagineses na Guerra Anibálica que os romanos, sentindo que o passo principal e maior em seu plano de dominação mundial já havia sido dado, ousaram pela primeira vez estender suas mãos com a intenção de apoderar-se do resto do mundo e de ir com um exército para a Hélade e para os territórios da Ásia (1.3).

Esse propósito demonstra que Políbio acreditava em um movimento predeterminado na história, numa relação fixa de causa e efeito em que, de acordo com determinadas condições, haveria uma razão lógica para que certos fatos realmente acontecessem. Essa é uma das idéias mais polêmicas de Políbio, porque ele tem um amplo espectro de definições para o conceito e cai freqüentemente em contradições quando o demonstra. Seguindo o pensamento acima, ele mostra como existe na história a ação fundamental da providência, *Tyche*[15], que seria para ele a força responsável pela junção lógica e ordeira dos fatores que vieram a dar a condição ideal para que Roma se expandisse e dominasse o mundo. Porém, no texto de Políbio esse por vezes é um fator alheio às

---

[15] A Fortuna, também venerada na Antigüidade como uma deusa.

ações e à vontade humanas, uma força inconstante e impossível de manipular – enfim, os caprichos do acaso que moldam constantemente o destino. Mas, por sua aleatoriedade, essa Fortuna não faria diminuir o valor da História como uma lição do passado? Políbio nunca dá uma resposta definitiva; ele certamente foi influenciado pelo pensamento estóico, embora não possamos determinar com precisão a influência direta de suas fontes, mas seu raciocínio parece sempre oscilar no conceito que faz da Fortuna. Ela é inconstante, mas castiga os maus e premia os bons.

Em outro sentido, demonstrado pelo autor de maneira tão lógica como o primeiro, a Fortuna significa o destino de Roma, a providência mais como a entendemos hoje, uma recompensa pelos esforços empreendidos. Roma passou a dominar o Mediterrâneo porque suas ações fizeram com que assim o merecesse. Ele procura explicar para seu leitor – seu público-alvo quase sempre é o mundo grego – que os romanos desde o início de sua história tinham propósitos de expansão e um foco direcionado constantemente para a guerra e a conquista de outros territórios. Dessa forma, seria uma conseqüência natural desse empenho que Roma conseguisse superar todos os obstáculos e se desenvolver como a maior potência do Mediterrâneo. Por exemplo, no início da Primeira Guerra Púnica, os romanos nem sequer sabiam construir navios de guerra, e Cartago já era a maior potência marítima da região. Depois de muitas tentativas frustradas, o esforço romano finalmente rendeu seus frutos e na Terceira Guerra Púnica os navios romanos já eram imbatíveis. Roma sofreu enormes derrotas militares, que por pouco não aniquilaram seu exército. Na maior delas, a Batalha de Canas em 216 a.C., o exército cartaginês de Aníbal matou um cônsul, metade dos senadores, e mais de 70 mil soldados, chegando a ameaçar a própria sobrevivência da cidade de Roma.

Mas para Políbio tudo isso veio a demonstrar que a força de vontade dos romanos foi o fator determinante de sua vitória – assim, ele quer dizer que a Fortuna favorece os que a ajudam. Roma conseguiu superar seus problemas e vencer a todos em vista dos seguintes fatores: pela sua habilidade militar, pelo caráter de seu povo e pela solidez de suas instituições.

56 História e retórica

A habilidade militar romana seria, como vimos, o fruto de uma sociedade voltada para a guerra e para a expansão acima de tudo: em uma passagem bastante detalhada, no livro 6, Políbio descreve o funcionamento do exército romano como uma máquina bem articulada e mantida. Eles também estão acima dos espartanos, pois estes, ainda que fossem excelentes guerreiros, nunca quiseram expandir seu território. Mas, embora Roma aja de forma consciente visando a dominação de outros territórios, Políbio sempre procura justificar os atos iniciadores da guerra como responsabilidade não dos romanos, mas de outros povos; Roma simplesmente deveria responder aos ataques externos e violações de tratados, ainda que nem sempre isso fosse verdade. De fato, essa era a justificativa oficial romana, que deve ser entendida não como propaganda de Políbio para defender a atitude de Roma, mas sim como parte de um jogo diplomático.

O caráter romano era o ponto determinante dessa postura pretensamente defensiva. Os romanos eram para Políbio os mais justos e nobres para com outros povos – a dominação romana seria portanto benéfica. Devemos lembrar neste ponto que Políbio vivia uma situação delicada, mesmo depois que voltou para a Grécia de seu cativeiro em Roma, pois continuou amigo das famílias mais influentes na política romana. Sua defesa dos romanos, no entanto, não é incondicional ou manipulada – ele parece ter genuinamente acreditado nas qualidades do caráter romano, até que com o passar do tempo ele também começou a admitir os defeitos e as contradições. Podemos detectar essa mudança de perspectiva nos dez últimos livros que escreveu, onde existe de fato uma análise mais crítica da política romana.

Mas o principal motivo para que os romanos fossem tão bem-sucedidos e merecedores de tal sucesso é para Políbio a formação e a estrutura de seu sistema constitucional. Aqui está a maior contribuição de Políbio para a História, e o ponto pelo qual ele é mais conhecido e influente no pensamento posterior. Políbio é o responsável pela primeira aplicação de idéias políticas num sistema coeso e racional aplicado diretamente a um momento histórico, descrevendo o funcionamento do que ele denomina a "constituição mista" de Roma. Isso significa ainda outra inovação, se considerarmos que ele é o primeiro autor a fazer uma análise profunda do desenvolvimento das instituições políticas romanas, ainda mais aplicando modelos gregos mais abstratos no mundo romano, notoriamente utilitário. E é também sintomático que Políbio tenha inserido o livro 6 e a digressão sobre a constituição mista exatamente na altura em que ele descreve Roma no seu ponto mais fraco, após a Batalha de Canas, portanto a digressão serve exatamente para mostrar qual foi a razão da mudança da Fortuna para os romanos.

Teorias constitucionais eram parte fundamental do pensamento grego já há alguns séculos, mas quase nunca eram analisadas pelos historiadores. Platão e Aristóteles descreveram seus sistemas políticos ideais[16], e Políbio certamente foi influenciado por esses modelos. Entretanto não podemos apontar com precisão a natureza da influência direta dos filósofos gregos em nosso autor, já que ele não os menciona diretamente na formulação de seu modelo. Aparentemente, sua idéia de constituição mista é um amálgama único de uma série de influências, talvez mais ainda de filósofos do período helenístico do que propriamente de Platão e Aristóteles.

Três idéias diferentes são agrupadas no livro 6 por Políbio: a) existe uma sucessão fixa e previsível de formas de governo e de suas degenerações; b) essa sucessão é cíclica, portanto se repete sempre que chega ao fim; e c) na época da Segunda Guerra Púnica, Roma se afasta desse processo inevitável pois combina as três formas principais de governo em uma só constituição, estabilizando-se num ponto ideal à margem desse processo cíclico.

Eis como Políbio descreve a sucessão natural das formas de governo em uma determinada *sociedade*[17]: no início do ciclo, em razão das catástrofes que às vezes destroem a raça humana, existe apenas uma comunidade primitiva, selvagem, sem leis ou governo. Como esse grupo é frágil, precisa naturalmente de um líder forte e corajoso – e assim sur-

---

[16] Especialmente nos clássicos da teoria política, *A República* e *As Leis*, de Platão, e a *Política*, de Aristóteles.

[17] Uma análise esquemática pode ser encontrada em Ernst Breisach, *Historiography*. Chicago/London, University of Chicago Press, p. 47.

58 História e retórica

ge o *despotismo*. Com o aumento da complexidade das relações sociais, aparecem os sentimentos de dever e justiça, gratidão e obediência, e o governante passa a aplicar as leis, surgindo a *monarquia*[18]. Porém, esse governo justo e equilibrado acaba por se corromper quando os descendentes do monarca se julgam superiores e abusam de seus poderes, transformando o governo em uma tirania. A sociedade em algum ponto acaba rejeitando esse estado de violência e depõe o tirano, colocando em seu lugar os líderes da revolta, um grupo de pessoas reconhecidamente mais capazes para governar, a *aristocracia*[19]. Com o passar do tempo, os governantes também se corrompem pelo abuso de seus direitos e formam um grupo restrito e controlador, a *oligarquia*[20]. O povo eventualmente desbanca esse grupo e toma ele mesmo o poder, surgindo a *democracia*[21], mas as gerações seguintes esquecem o valor da liberdade e da igualdade, e acabam destruindo a ordem e usando a violência, formando uma *oclocracia*[22]. Tal estado das coisas se degenera totalmente, e ao fim do processo a sociedade está de volta ao ponto inicial, sem referência do certo e do errado, até que mais um tirano venha dominá-la e reiniciar o processo. Como o processo é fixo, para Políbio é possível prever os acontecimentos futuros e deduzir o que acontecerá a uma determinada sociedade a partir do ponto institucional em que ela está.

É inteiramente original em Políbio a idéia de que esse processo se repita indefinidamente em um ciclo, "*anacyclosis*". Seria muito difícil aplicar corretamente esse padrão a todas as sociedades, e, de fato, Políbio evita fazê-lo – esta é enfim a maior crítica que se faz a ele. Mas na verdade essa é uma questão em aberto, pois não podemos saber até que pon-

---

[18] Na verdade, o termo usado por Políbio para a primeira forma de governo é *monarchia*, literalmente "o governo de um só líder", e o segundo termo é *basileía*. Como a definição de "monarquia" em português é mais genérica, optamos por fazer a diferenciação acima, já que o termo despotismo está associado à idéia de força.

[19] Literalmente, "poder dos melhores".

[20] "Governo de poucos".

[21] O "poder do povo", *dêmos*=povo, *kratía*=poder.

[22] Um termo raramente utilizado em grego além de Políbio. Literalmente, "o poder exercido pela multidão".

to sua mente tenha solucionado as contradições do modelo. Seja como for, para o caso específico de Roma, Políbio encaixa as peças com lógica e precisão, e, embora o esquema não seja perfeito, ele faz muito sentido dentro do contexto do livro 6. Infelizmente, não temos todo o trecho onde o autor corresponde a sucessão das fases de governo à história de Roma, mas podemos reconstruí-lo com uma certa precisão utilizando o auxílio da obra *Sobre a República*, de Cícero, que é claramente influenciada por Políbio.

Seguindo o relato tradicional e lendário do período dos reis romanos, que teria ido de 753 a 509 a.C., o despotismo em Roma teria começado com Rômulo, o primeiro rei, que organizou e liderou a então indisciplinada e dispersa sociedade, por assim dizer, "pré-romana". A ele sucederam os reis "etruscos", Tarquínio Prisco e Sérvio Túlio, que estabeleceram as primeiras leis, surgindo assim a monarquia. Depois desse período estável de bons reis, a monarquia se corrompe com Tarquínio, o Soberbo, e se transforma em uma tirania. As famílias senatoriais romanas então se revoltam, depõem Tarquínio e estabelecem a aristocracia. Mas algumas décadas depois, a aristocracia se degenera em uma crise institucional, e a oligarquia surge através da ascensão dos decênviros, corruptos e sedentos de poder[23]. É então depois da queda dos decênviros, no século V a. C., que, ao invés de surgir uma democracia, os romanos conseguem parar o processo e consolidar um governo constituído equilibradamente entre os três poderes representativos das formas boas de governo. Assim, a monarquia é representada pelos dois cônsules, a aristocracia pelo Senado e a democracia pela assembléia popular.

De fato, o balanço conseguido pela constituição mista em Políbio não é exatamente uma mistura dos atributos positivos das formas vir-

---

[23] Tito Lívio relata esse período com mais detalhes: "Assemelhavam-se a dez reis que multiplicavam o temor não só dos humildes como também dos mais nobres dentre os patrícios. Pensava-se que eles aguardavam apenas um pretexto para começar o massacre. Se alguém pronunciasse no Senado ou na assembléia do povo uma palavra que se referisse à liberdade, imediatamente as varas e os segures estariam preparados para infundir medo também nos outros cidadãos". (3.36) Tradução de Paulo Matos Peixoto (Tito Lívio, *História de Roma*. vol. 1, São Paulo, Paumape, 1989, p. 248.)

60 História e retórica

tuosas de governo, mas sim o jogo de forças contrabalanceado entre as três instituições que as representam, prevenindo assim que qualquer uma delas prevalecesse sobre as outras. Não é apenas em Roma que existe uma constituição mista, e Políbio nos dá o exemplo de Esparta, onde o legislador Licurgo teria criado uma constituição semelhante. Esta era, porém, baseada na habilidade dos aristocratas em manter os dois outros poderes, e tinha sido criada do zero, sem experiência anterior. Em relação a Esparta, a constituição mista romana tinha a virtude de ter sido criada por tentativa e erro, num processo longo o suficiente para garantir uma maior solidez e segurança. Políbio faz uma detalhada descrição dos atributos e deveres de cada um dos três poderes, e explica por que eles se controlam e criam um Estado forte:

> [...] sempre que a ameaça de um perigo vindo de fora compele os romanos a agirem de comum acordo e a se ajudarem mutuamente, a força do Estado se torna tão grande que não há negligência alguma quanto às medidas a serem tomadas, pois os poderes emulam-se diligentemente no sentido de satisfazer às necessidades presentes, e nenhuma decisão tomada deixa de ser executada prontamente, já que todos estão cooperando tanto na esfera pública quanto na esfera privada para a realização da tarefa de sua alçada... Quando os cidadãos vêem-se livres da ameaça externa e colhem os frutos dos tempos venturosos e da prosperidade resultante de suas vitórias, e no gozo dessas benesses são corrompidos pela adulação e pela ociosidade, tornando-se insolentes e autoritários, é precisamente nessa situação que vemos o Estado usar um remédio à sua disposição para enfrentar esses males... Tudo continua em seu lugar porque qualquer intento agressivo é seguramente contido, e desde o início cada parte está prevenida contra a interferência da outra (6.18).

Outros fatores também determinam esse equilíbrio, e o controle da sociedade está ainda baseado na coerção psicológica do medo. É o medo das forças externas que une a sociedade em torno do bem comum – e nesse sentido o fim de Cartago significa para Políbio e para os autores romanos posteriores também o fim do medo na sociedade romana como força de coesão. Daí que surge no pensamento romano a idéia, sintetizada no séc. I a.C. por Salústio, que a decadência de Roma começa quando não há mais inimigos a temer após a destruição dos cartagineses[24]. É também o medo imposto pela religião, que em Roma é dirigida pelo Estado, que une e controla as massas:

> [...] como toda multidão é inconstante, cheia de desejos contrários à lei, de paixões desenfreadas e de impulsos violentos, ela deve ser contida por temores invisíveis e por criações semelhantes da imaginação (6.56).

Apesar da grande estabilidade da constituição mista romana, Políbio deixa claro que um dia ela também sucumbirá, pelo desequilíbrio das forças de governo, e o ciclo retomará seu curso. Há indícios nos últimos livros que Políbio tenha começado a perceber esse processo depois da destruição de Cartago e de Corinto, quando seu julgamento do poder romano já não é mais tão positivo, e as críticas começam a ocupar o lugar do louvor à magnitude de Roma. O contraponto fundamental aos romanos que ilustra a inevitabilidade da queda e a retomada do ciclo é o caso de Cartago, que também tinha uma constituição mista, mais antiga do que a romana. Já no tempo de Aníbal a constituição cartaginesa havia perdido o seu equilíbrio, com o povo tomando o poder que era antes do Conselho dos Anciãos. Assim, há mais uma explicação lógica para a supremacia romana e a vitória sobre Cartago, pois aqui se trata de um confronto de duas sociedades cujas instituições estão uma no ápice e outra em declínio.

Políbio prevê, seguindo a conseqüência lógica do seu modelo, a decadência da constituição mista em Roma e o surgimento de uma possível democracia que desponta rapidamente para o controle desordena-

---

[24] "Com efeito, até a destruição de Cartago, o povo e o senado romano governavam a república em harmonia e sem paixão e não havia entre os cidadãos luta por glória ou dominação; o medo do inimigo mantinha a cidade no cumprimento do dever. Mas, assim que o medo desapareceu dos espíritos, introduziram-se os males pelos quais a prosperidade tem predileção, isto é, a libertinagem e o orgulho." Salústio, *A guerra de Jugurta*, tradução de Antônio da Silveira Mendonça, Petrópolis, Vozes, 1990, p. 164. Ver Santo Mazzarino, *O fim do mundo antigo*. São Paulo, Martins Fontes, 1991, cap. 1.

62   História e retórica

do e violento do povo. Vejamos como ele descreve o mecanismo teórico da decadência das formas de governo: dado que se esteja no ponto máximo de poder de um Estado, tem-se, portanto, uma situação segura, forte, estável e próspera. Porém, tal situação provoca, passado o tempo, uma acomodação indolente nas pessoas, e os sentimentos que surgem são a chave para a quebra da estabilidade: a arrogância que o poder acaba proporcionando, a ambição desmedida de todos por ele, e a extravagância proporcionada pelo luxo e pela riqueza, que amolecem o caráter e que tornam os cidadãos mais exigentes e violentos por demandar mais para si do que lhes é devido.

Como vimos acima, tais sentimentos são noções recorrentes também na análise da corrupção de cada uma das formas de governo apresentadas por Políbio. Em todas as passagens das formas virtuosas para as degeneradas de governo, monarquia-tirania, aristocracia-oligarquia e democracia-oclocracia, ocorre o mesmo processo: a estabilidade proporciona uma acomodação que incita a ambição política e portanto a desordem, e a prosperidade possibilita a extravagância e o luxo corrompedores da moral. O processo é sempre o mesmo, e a diferença é apenas de quantidade de tempo transcorrido. A cobiça política e as várias formas de luta pelo poder incitam à violência e ao caos numa degeneração crescente, atingindo tal grau que determina a anarquia e o fim do ciclo político.

Políbio tem alguns momentos brilhantes quando analisa a sociedade e as instituições políticas romanas. Ele continua sendo uma fonte inestimável para compreendermos diversos aspectos do mundo romano, como o funcionamento do sistema militar, as atribuições dos cônsules, Senado e assembléia do povo, costumes funerários[25], entre diversos outros temas. Mas o modelo construído por Políbio tem o defeito de ser extremamente rígido, reducionista e esquemático[26]. Políbio não vê outros fatores da dinâmica de mudança social além das lutas políticas. Tal-

---

[25] Onde ele pretende ilustrar o caráter nobre e virtuoso dos romanos através do respeito aos antepassados e da devoção à pátria.

[26] Para críticas a Políbio, ver Kurt von Fritz, *The theory of the mixed constitution in antiquity; a critical analysis of Polybius' political ideas*. New York, Columbia University Press, 1958.

vez quase tão imprevisíveis quanto as causas externas da queda de um Estado, os mecanismos de relações entre indivíduos e entre grupos são também fundamentais dentro do funcionamento e evolução de um sistema de governo. No caso de Roma, um exemplo importante disso seria a crescente importância do exército profissional na sociedade, que em última instância leva ao surgimento dos ditadores e da Guerra Civil republicana, a partir de Mário e Sila, cujo desenvolvimento se deu em parte à margem de fatores que Políbio analisa.

Políbio ocupa um lugar único entre os historiadores antigos. Por um lado, ele representa na historiografia o pensamento político grego – do papel das instituições, da busca pelo governo ideal, do debate teórico e da reflexão metodológica típica de seu mundo de origem. Mas, por outro lado, ele tem em seu texto pontos muito próximos de contato com a mentalidade romana típica, que se consolidava em sua época. Para Políbio, interessam a evolução de um império, os aspectos práticos de sua força militar e o caráter moral sólido e tradicionalista, tão caro à mentalidade dos romanos. Sendo assim, ele se apresenta como uma ponte entre esses dois mundos, no plano das idéias assim como o foi de fato no decorrer de sua vida. Sua elegia a Roma e o temor de uma decadência futura se tornariam adiante os maiores temas entre os autores romanos.

Apesar do estado fragmentário de suas obras, a influência de Políbio a partir do Renascimento foi bastante considerável. De fato, a sua contribuição para a história da política e das instituições serviu de inspiração para o *Espírito das Leis*, de Montesquieu, obra que moldou a filosofia política do século XVIII. Foi dessa mesma fonte que os constitucionalistas americanos moldaram o sistema dos três poderes independentes, Executivo, Legislativo e Judiciário, que eles consolidaram na constituição dos EUA.

Salústio e a historiografia romana

Pedro Paulo A. Funari
Renata Senna Garraffoni

Introdução

Os textos de Salústio, historiador romano do século I a.C., continuam, ainda hoje, polêmicos. Sua versão da *Guerra de Jugurta* (*Bellum Iugurthinum*), da *Conjuração de Catilina* (*Coniuratio Catilinae*) e os fragmentos de *Histórias* (*Historiae*) são importantes fontes para refletirmos sobre as descontinuidades entre historiografia antiga e moderna, além de constituir um campo fértil para discutirmos uma questão atual que está presente no quotidiano do historiador: como integrar a experiência do passado no mundo contemporâneo daquele que escreve?

Esta preocupação metodológica, centro de grandes debates desde o século XIX, é fundamental para compreendermos o lugar que o discurso de Salústio ocupou no interior da historiografia clássica, bem como a possibilidade de repensar os pressupostos que o relegou a um segundo plano durante décadas. Muitas vezes tachado como um discurso inferior ao de Cícero, cuja ortografia, construções gramaticais, vocabulário e estilo foram estabelecidos como ideais do mundo clássico, os escritos de Salústio foram pouco valorizados durante o século XIX, por não estarem dentro de um paradigma factual e objetivo. Sua narrativa poética acabou por constituir um grande entrave entre aqueles que buscavam os fatos *wie es eigentlich gewesen*[1], a veraci-

---

[1] Frase célebre de Leopold von Ranke, publicada em 1823 e considerada o início da História moderna e positivista. Sobre isto, leia-se, com bibliografia anterior, P. P. A. Funari, *Antigüidade Clássica, a História e a cultura a partir dos documentos*, 2 ed., Campinas, Editora da Unicamp, 2003.

66 História e retórica

dade dos acontecimentos políticos do final do período republicano romano[2].

Durante muito tempo, os textos de Salústio foram interpretados dentro de uma tradição de historiografia que prezava pela objetividade e cientificidade do discurso, com o intuito de se aproximar daquilo que "realmente aconteceu"[3]. Os historiadores modernos, muitas vezes preocupados com essa verdade inefável, não economizaram adjetivos depreciativos, ao julgarem Salústio "esquemático, incompleto, partidário, vulnerável, inventor", incapaz de compreender os verdadeiros segredos do funcionamento da sociedade romana, revelados pelo historiador moderno. Assim, o grande estudioso da historiografia latina, Ronald Syme, em seu clássico estudo sobre Salústio, não hesitava em corrigir o autor romano:

> Salústio agencia *patres* e *plebs* (ou, menos freqüentemente, *populus*), como unidades não apenas contrastadas, mas opostas e hostis. O mesmo o faz com *nobilitas* e *plebs*. A realidade, contudo, era mais complexa, transpassando classes e ordens, e desafiando, de forma total, os recursos da terminologia tradicional; e, além disso, a sociedade romana construía-se por meio de um vasto conjunto de relações pessoais que se pode resumir sob o nome de *clientela*[4].

À oposição binária de Salústio, Syme opõe sua interpretação, de matriz weberiana, que tudo pretende explicar como laços de compadrio e, nesse processo, o historiador britânico assimila sua interpretação à *realidade*, passada despercebida ao autor latino. A *clientela*, instituição romana precisa e delimitada, passa a ser considerada, por muitos historia-

---

[2] Funari, em um artigo do início dos anos de 1990, comenta como a avaliação dos textos de Salústio por historiadores do século XIX está intimamente relacionada com a episteme do momento em que viviam. Cf. P. P. A. Funari, "Doxa e Episteme: a construção discursiva na narrativa histórica (ou Salústio e a historiografia)", LPH, v. 3, n. 1, 1992, p. 22-35.

[3] Cf. von Ranke, citado.

[4] Cf. R. Syme, *Salluste*, Besançon, Centre de Recherches d'Histoire Ancienne, 1982 (original de 1964), p. 143.

dores modernos, como universal, tomada como equivalente às relações de compadrio e patronato. De tipos ideais, passam a descrições da realidade, em mistura *sui generis* dos modelos sociológicos contemporâneos ao positivismo. A oposição entre *patres* e *plebs*, tão presente no discurso salustiano, aparece, para muitos historiadores modernos, como por demais ríspida e as arengas de Mário, em seu louvor ao mérito popular frente à corrupção da nobreza, são atacadas como distantes da realidade, não apenas antiga, mas geral. Estudos recentes[5], por sua parte, têm recuperado as contraposições entre *optimates* e *populares*, presentes em Salústio, assim como em outros autores antigos[6], como vetores para as interpretações da moderna historiografia.

Diante deste quadro, a idéia central deste artigo é retomar alguns dos pressupostos teóricos estabelecidos durante os séculos XIX e XX sobre os escritos de Salústio, procurando contextualizá-los no seio da historiografia moderna que então se formava, para, em seguida, propormos outras possibilidades interpretativas.

A historiografia moderna e sua forja do passado

O século XIX é considerado, por muitos pesquisadores, como fundamental no processo de criação de diferentes maneiras para expressar a relação dos homens com o passado. É neste momento, por exemplo, que o romance e a pintura histórica se difundem, além de os museus se constituírem como elemento fundamental na criação das identidades nacionais[7]. Neste processo, a História e Arqueologia desempenharam um importante papel: em um contexto de expansão européia, os inte-

---

[5] Cf. P. Martin, "L'éthique de la conquête: un enjeu dans le débat entre *optimates et populares*", em Marta Sordi (ed.), *Il pensiero sulla guerra nel mondo antico*, Vita e Pensiero, Milano, 2001, p. 141-171.

[6] E.g. Cic., *Brut.*, 127; *Planc.*, 70; *Sest.*, 140.

[7] Sobre esta questão, cf., por exemplo, S. Bann, *As Invenções da História – Ensaios sobre a Representação do Passado*, São Paulo, Ed. Unesp, 1990.

68 História e retórica

lectuais buscaram nos romanos e gregos as referências para a criação do conceito de *Cultura Ocidental*[8].

Ao se profissionalizarem, estas disciplinas passaram a ter o *status* da neutralidade da *Ciência*[9] e, conseqüentemente, tornaram-se um instrumento poderoso para a construção de interpretações objetivas, distanciando-se de outras formas de estudos do passado. Em um período de intensos investimentos científicos, os esforços dos classicistas se multiplicaram e a coleta de dados culminou com o desenvolvimento de variados métodos para a elaboração de modelos explicativos sobre o mundo antigo. Grandes estudos sobre a sociedade romana se definiram e se constituíram a partir do olhar positivista destes eruditos; a narração do *fato* ocupou um lugar central na atividade dos historiadores assim como a descrição dos artefatos encontrados nos sítios consistiu no principal trabalho dos arqueólogos clássicos[10].

Embora predominassem as pesquisas no campo da História política romana, com ênfase no encadeamento dos grandes acontecimentos, diversos aspectos da vida quotidiana antiga também foram catalogados e classificados. É a partir do trabalho destes estudiosos que se constitu-

---

[8] É importante destacar que neste mesmo período, o estudo da Grécia também floresce e um grande debate entre os intelectuais é traçado para discutir temas como a democracia, religião ou a função das cidades na Antigüidade, entre outros. Neste mesmo momento ocorre, também, a invenção do Oriente, contraponto necessário ao Ocidente. Para uma discussão destes debates e sua importância no contexto do século XIX, consultem-se, por exemplo: R. C. Beleboni, resenha de J.A. Dabdab Trabulsi, *Religion grecque et politique française au XIXe siècle. Dionyso et Marianne*, em *Boletim* do CPA, n. 8/9, jul.1999/jun.2000, p. 237-242; J.A. Dabdab Trabulsi, "Uma cidade (quase) perfeita: a 'cidade grega' segundo os positivistas", *Varia História*, Belo Horizonte, n. 23, jul. 2000.

[9] No caso particular da História cabe destacar que muito se discutiu sobre o seu lugar, se pertenceria ao campo da *arte* (narrativa, literatura) ou se poderia ser considerada uma ciência objetiva. Sobre esta questão, cf., por exemplo, H. White, "O fardo da História", em *Trópicos do discurso*, São Paulo, Edusp, 1994, p. 39-63.

[10] Quando a Arqueologia se definiu como campo pesquisa no século XIX, seu principal objetivo consistia nos estudos dos *artefatos*, isto é, objetos produzidos pelo homem que constituíam "os 'fatos' arqueológicos reconstituíveis pelo trabalho de escavação e restauração por parte do arqueólogo". Cf. P. P. A. Funari, *Arqueologia*, São Paulo, Contexto, 2003, p. 13.

íram conceitos e ferramentas interpretativas que, ainda hoje, ecoam em textos de especialistas.

No caso específico dos textos de Salústio, as interpretações mais correntes foram em direção a uma crítica de seus escritos. Por ser uma narrativa poética sem a preocupação com a simples ordem cronológica dos fatos, muitos intelectuais abandonaram os relatos ou submeteram-nos a críticas que vieram a influenciar toda uma geração de estudiosos. O critério central de avaliação dos textos que se estabeleceu estava baseado em pressupostos da historiografia moderna que se formava: na medida em que se identificava um forte caráter emotivo nos relatos, muitos estudiosos os questionavam por não apresentarem dados objetivos que pudessem ser comprovados.

Embora os ideais positivistas tenham sido revistos pelos intelectuais das gerações seguintes, uma leitura pautada na busca do factual permaneceu viva entre aqueles que interpretavam os relatos salustianos. Neste sentido, acreditamos que uma retomada dos escritos deste historiador romano, no contexto em que foi escrito, é um caminho profícuo para repensarmos alguns aspectos de sua obra.

Ao compor seus relatos do passado, Salústio produz uma lógica própria dentro da concepção romana de História. Diferentemente das narrativas anteriores, sua escrita se baseava na análise, antes que na mera descrição dos eventos. Sua interpretação do passado parte de um ponto de vista específico, em que os acontecimentos antigos impulsionam a ação no presente[11], ainda que retome a noção de *ho apo ton polemion phobos* (em latim, *metus hostilis*), de temor do inimigo, presente em Catão, Políbio e Posidônio, como um dos organizadores de sua interpretação do domínio romano[12]. Com um estilo particular e em direta oposição à simetria ciceroniana, utiliza expressões próprias de um latim mais arcaico e algumas de origem popular para produzir argumentos que in-

---

[11] Sobre esta questão em específico, ver P. P. A. Funari, "A guerra de Jugurta, de Salústio", em *Letras e Coisas: Ensaios sobre a Cultura Romana*, Campinas, Gráfica IFCH, 2002, p. 19-128.

[12] Cf. I. Ramelli, "La dialettica tra Guerra esterna e Guerra civile da Siracusa a Roma", em M. Sordi, *op. cit.*, p. 45-63.

70 História e retórica

dicam uma mudança da virtude passada para a ambição de sua época, ruína dos políticos seus contemporâneos.

A partir de postura política claramente marcada, seu discurso se afasta da busca pelo factual e da composição ciceroniana e destaca-se pela poesia, produzindo uma narrativa particular. Se, por um lado, esta atitude o afasta dos pressupostos modernos como a objetividade e a neutralidade do intelectual, por outro indica que as relações dos romanos com o passado não eram homogêneas, havendo diferenças de metodologia e de concepção no tratamento da memória. Estas diferentes concepções e as nuances de seu pensamento podem ser percebidas na análise de um trecho seminal da *Guerra de Jugurta*.

Memoria e História em Salústio

Texto fundamental para o estudo da concepção de História de Salústio, as considerações iniciais da *Guerra de Jugurta* têm sido traduzidas e estudadas com regularidade[13]. Não se pode propor uma interpretação significativa da historiografia antiga senão por meio do estabelecimento do texto, tradução e análise do vocabulário e construção discursiva original do texto[14]. Assim, apresentamos uma amostra desse procedimento hermenêutico, no estudo de um trecho inicial da *Guerra de Jugurta* (capítulo 4)[15]:

---

[13] E.g. K. Buechner, "Das uerum in der historischen Darstellung des Sallust", Gymnasium, 70, 1963, p. 231-252; A. Klinz, "Sallust als Geschichtsdenker", Gymnasium, 85, 1978, 511-526; E. Pasolini, "Le prefazioni sallustiane e il primo capitolo del De breuitate uitae di Seneca", Euphrosyne, 5, 1972, p. 437-445.

[14] Sobre as discussões epistemológicas subjacentes à abordagem aqui adotada, consulte-se, com bibliografia, P. P. A. Funari, *Antigüidade Clássica, a História e a cultura a partir dos documentos*, 2 ed., Campinas, Editora da Unicamp, 2003.

[15] Texto estabelecido a partir de B. Orstein, *Salluste*, Paris, Belles Lettres, 1924, e traduzido por Pedro Paulo A. Funari, publicado em *Letras e Coisas: Ensaios sobre a Cultura Romana*. Outras traduções podem ser consultadas: de Antônio da Silveira Mendonça e de Ariovaldo Peterlini, publicadas em Sêneca, *Tratado sobre a Clemência. Salústio, A conjuração de Catilina e a Guerra de Jugurta*, traduções de Ingeborg Braren e Antônio Silveira Mendonça, Petrópolis, Vozes, 1990, e em *Antologia Bilíngüe de Escritores Latinos*, I. História, São Paulo, FFLCH-USP, 1991, p. 51.

Salústio e a historiografia romana   71

1 Dentre as outras atividades exercidas pelo espírito, em primeiro lugar, útil relatar os acontecimentos passados. 2 Sobre a virtude de tal arte, não preciso deter-me, pois muitos já se referiram a isso e, também, para que não pensem que eu queira, por vaidade, ressaltar por demais o meu próprio trabalho e dedicação. 3 Ainda mais, creio que, por ter decidido afastar-me da vida pública, alguns darão a pecha de inércia ao trabalho tão importante e útil ao qual me dedico. Certamente, fá-lo-ão aqueles que consideram sua maior tarefa curvar-se diante da plebe e obter suas boas graças, por meio do patrocínio de banquetes. 4 Se estes examinassem, com maior cuidado, a época em que obtive magistraturas e quais homens não puderam obtê-las e, depois, que espécie de gente chegou ao Senado, sem dúvida concluiriam que minhas opiniões mudaram mais por mérito que por falta de iniciativa e que há de vir mais benefício de meu ócio que das atividades dos outros para a República. 5 Muitas vezes, ouvi dizer que Quinto Máximo e Públio Cipião, além de outros homens ilustres de nossa pátria, costumavam afirmar que, ao contemplarem as imagens de cera de seus antepassados, sentiam um enorme estímulo em direção à virtude. 6 É de se supor que nem a cera, nem os retratos, tivessem, em si mesmos, tanta força, mas que, ao contrário, o relato dos feitos passados fizesse crescer, no peito dos homens egrégios, esta chama que não se extinguiria senão ao igualarem sua virtude à fama e à glória daqueles. 7 Por outro lado, com os costumes atuais, todos querem rivalizar com os antepassados, não em probidade e zelo, mas sim em riqueza e fausto. Também os homens novos, que outrora costumavam superar a nobreza pela virtude, esforçavam-se para obter comandos militares e honrarias, furtivamente e antes com violência que com honestidade, 8 como se a pretura, o consulado e as outras magistraturas fossem ilustres e tivessem valor em si mesmas e não que sua virtude adviesse daqueles que as ocupam.[16]

---

[16] *1.Ceterum ex aliis negotiis quae ingenio exercentur, in primis magno usui est memoria rerum gestarum. 2 Cuius de uirtute quia multi dixere, praetereundum puto, simul ne per insolentiam quis existumet memet studium meu laudando extollere. 3 Atque ego credo fore qui, quia decreui procul a re publica aetatem agere, tanto tamque utili labori meo nomen inertiae imponant, certe quibus maxuma industria uidetur salutare plebem et conuiuiis gratiam quaerere. 4 Qui si reputauerint et quibus ego temporibus magistratus adeptus sum et quales uiri idem adsequi nequiuerint, et postea quae genera hominum in Senatum peruenerint, profecto existumabunt me magis merito quam ignauia iudicium animi mei mutauisse maiusque commodum ex otio meo quam ex aliorum negotiis Rei publicae uenturum. 5 Nam saepe ego audiui Q. Maxumum, P. Scipionem, praeterea ci uitatis nostrae*

72 História e retórica

O pequeno trecho acima, sobre a importância do trabalho do historiador, exige uma atenção especial, pelas referências a conceitos e contextos históricos antigos específicos[17]. Caio Salústio Crispo nasceu na Sabínia, em Amiterno, em 86 a.C. Em 52 a.c. foi tribuno da plebe e, como partidário de Júlio César, atuou no exército contra os pompeianos, tendo sido nomeado procônsul da província África Nova em 46 a.C[18]. Após o assassinato de César, em 44 a.c., retirou-se da vida pública e escreveu monografias de História até sua morte em 35 a.c. *A Guerra de Jurgurta*, sua maior obra, trata da guerra contra Jugurta, entre 111 e 106 a.c., na Numídia (Norte da África).

Salústio começa sua justificativa da monografia propondo que a *memoria rerum gestarum* ("a memória dos acontecimentos"), constitui a mais útil atividade do engenho humano (*ingenium*). O relato do passado é, portanto, um trabalho intelectual caracterizado como *uirtus*, virtude[19] derivada do desejo, da vontade de estudar (*studium*, derivado de *studere*, "ter vontade, gostar"). Salústio define a escrita da história em termos ativos, como *negotium* (negócio, não-ócio, atividade), oposto à inércia (*inertia*). Utilizando-se de uma aparente aporia, Salústio caracteriza o trabalho do historiador como atividade (*negotium*) e como ócio (*otium*): em realidade, é um trabalho intelectual, portanto dependente da paz e da tranqüilidade da inação mas, ao mesmo tempo,

---

praeclaros uiros solitos ita dicere, cum maiorum imagines intuerentur, uehementissume sibi animum ad uirtutem accendi. 6. Scilicet non ceram illam neque figuram tantam uim in sese habere, sed memoria rerum gestarum eam flammam egregiis uiris in pectore crescere neque prius sedari quam uirtus eorum famam atque gloriam adeaequaruerint.At contra, quis est omnium his moribus quin diuitiis et sumptibus, non probitate neque industria cum maioribus suis contendat? Etiam homines novi, qui antea per uirtutem soliti erant nobilitatem anteuenire, furtim et per latrocinia potius quam bonis artibus ad imperia et honores nituntur : 8. proinde quase praetura et consulatus atque alia omnia huiuscemodi per se ipsa clara et magnifica sint, ac non perinde hebeantur ut eorum qui ea sustinent uirtus est.

[17] A. D. Leeman, "Formen sallustianischer Geschichtsschreibung", *Gymnasium*, 74, 1967, p. 108-115.

[18] Cf. D. C. Earl, "The Early Career of Sallust", *Historia*, 15, 1963, p. 302-311.

[19] B. Lorenz, "Bemerkungen zum uirtus-Begriff bei Sallust", *Serta Philol. Aenip.*, 3, 1978, p. 149-159.

induz à ação e constitui-se como uma atividade (*negotium*). Na verdade, Salústio, em toda sua obra, utiliza-se destas aparentes contradições (*inconcinnitates*) para descrever realidades ou conceitos complexos e contraditórios.

Em seguida, Salústio demonstra como o relato histórico constitui uma força (*uis*) que impulsiona os homens em direção à fama e à glória. Fama, "aquilo que se fala, que se propaga pela tradição oral", assim como gloria, constituem a essência mesma da memoria, do relato histórico. Esta lembrança impulsiona à ação. Salústio, no entanto, lembra que, à sua época, a busca da fama não se dava mais em termos de correção moral e trabalho duro (*probitate, industria*), mas no que se refere à riqueza e à prodigalidade. As boas maneiras foram substituídas pelo roubo e pelo latrocínio (*furtim et per latrocinia*), mesmo nos homens novos, aqueles que não pertenciam à nobreza e que, anteriormente, usavam da virtude para igualar-se à nobreza de sangue (*nobilitas*).

Na interpretação da História do seu período, Salústio parte do pressuposto que a virtude individual[20], outrora tão importante, degrada-se e transforma-se em ambição, processo que ocorre com os diversos personagens históricos da sua narrativa (Jugurta, Escauro, Mário, *inter alios*). Relaciona esse processo a um momento determinado da História Romana: a consolidação da supremacia romana no Mediterrâneo, após a destruição de Cartago em 146 a.C.[21] e que prenunciará uma degradação da vida pública romana[22]. Seu relato, além disso, utiliza-se de diversos recursos estilísticos a fim de torná-lo mais original e instigante para o leitor, como, por exemplo, ao usar pronomes pessoais duplicados[23]. Além da junção de termos contraditórios, como ao definir a His-

---

[20] I. Korpanty, "De uirtute notione Sallustiana", *Eos*, 62, 1974, p. 255-265.

[21] A. La Penna, "L'interpretazione sallustiana della guerra contro Giugurta", *Annali della Scuola Superiore di Pisa*, 28, 1959, p. 243-284.

[22] E. Kostermann, "Das Problem der römischen Dekadenz bei Sallust und Tacitus", *Festschrift Vogt*, Berlim, De Gruyter, 1972, p. 381-810; G. Perl, "Die Krise der römischen Republik im Urteil des Sallust", Acta Conuentus XI Eirene, Varsóvia, 1971, p. 95-115.

[23] Cf. S. Timpanaro, "Sallustio, Cat. 52, 29 e I pronomi personali raddopiati meme, tete", *Contributi di filologia e di storia della lingua latina*, Roma, Ateneo e Bizzarri, 1978, p. 207-217.

74 História e retórica

tória, sucessivamente, como negócio e ócio, procura chocar o leitor com o uso de expressões incomuns. Assim, em vez de usar dois advérbios, prefere a estranheza do uso de um advérbio seguido de uma preposição e substantivo, na frase "furtivamente, e com violência" (*furtim et per latrocinia*). Autores clássicos, com Cícero, a quem Salústio se opunha, utilizariam dois advérbios, "furtiva e violentamente"[24].

Salústio, neste trecho, permite observar o caráter retórico, exortativo e literário, do relato do historiador. Sua interpretação do passado, além disso, é explícita. Não pretende descrever a verdade, ou os fatos tais como ocorreram, mas contar uma história, a partir de um ponto de vista explícito, visando induzir seus leitores a um posicionamento político claro[25]. O engajamento do autor não se encontra oculto, nem os recursos semânticos de persuasão obscurecidos, de modo que a linguagem política aflora a cada momento.

História e discurso

Havíamos mencionado a avaliação crítica a Salústio, considerado pouco atento à frieza e objetividade dos fatos, distante da verdade a que a moderna historiografia aspira. Um exemplo bastará para iluminar, ainda que de forma muito breve e superficial, essa tradição historiográfica. Ronald Syme, já citado, representa bem a pretensão moderna de neutralidade e objetividade historiográfica, ainda que seus esquemas interpretativos carregados de valores e interesses não tenham passado despercebidos quando de seu auge[26]. Syme produziu a mais substancial monografia sobre Salústio e sua avaliação de Salústio merece ser transcrita:

---

[24] Cf. O. Muhr, *Die Präposition per bei Sallust*, Viena, Dissertation, 1971.

[25] Cf. D. C. Earl, *The Political Thought of Sallust*, Cambridge, Cambridge University Press, 1961.

[26] Cf. A. Momigliano, Review of "The Roman Revolution", by Ronald Syme, *Journal of Roman Studies*, 1940, p. 77-79.

A *Guerra de Jugurta* apresenta inúmeros problemas. Como as operações militares constituem a maior parte da narrativa, a primeira questão referese à exatidão do narrador: momento, local e relações entre os acontecimentos. Se os anos fossem registrados sem a menor omissão, após os nomes dos cônsules, eles poderiam ter fornecido um guia seguro, ou mesmo uma alternância rigorosa de verões e invernos (o que poderia seduzir um escritor preocupado em rivalizar com Tucídides). Mas Salústio evita o esquema analístico. Nós o surpreendemos em flagrante delito, com erros de cronologia [...] O retrato que Salústio traça da cena política à época da Guerra de Jugurta é, no essencial e de maneira evidente, uma invenção sua[27].

Salústio, condenado pela preocupação historiográfica moderna que busca verdades inefáveis, objetivas e desvinculadas dos sujeitos narradores, no entanto, conhece nova atualidade com a preocupação atual com as subjetividades e as construções discursivas. Michael Comber[28], em balanço recente sobre a historiografia latina, mostra como Salústio, com sua retórica, com todos os recursos de *elocutio* (estilo), *dispositio* (arranjo), *inuentio* (disposição do argumento), representa um potente meio de persuasão do leitor. A análise histórica de Salústio, da *uirtus* que se degrada em *ambitio, auaritia, luxuria*, antes descartada como absurda ou ingênua, é comparada por Comber à interpretação contemporânea de Giddens[29]. Há, pois, na releitura hermenêutica da historiografia antiga uma reavaliação de nossa prática como historiadores.Como ressalta Alan Munslow:

> O passado não é descoberto ou encontrado. É criado e representado pelo historiador como um texto que, por sua vez, é consumido pelo leitor. A História tradicional é dependente em seu poder de explicação como a estátua que preexiste no mármore, ou o princípio do *trompe l'oeil*. Mas esta não é a única História que podemos ter. Ao explorarmos a maneira como represen-

---

[27] *Op. cit.*, p. 123 e 131.

[28] "Re-reading the Roman Historians", em M. Bentley (ed.), *Companion to Historiography*, New York, Routledge, 1997, p. 43-56.

[29] *Op. cit.*, p. 49.

76 História e retórica

tamos a relação entre nós e o passado, podemos ver-nos não como observadores distantes do passado mas, como Turner, participantes na sua criação. O passado é complicado e difícil o bastante sem a auto-ilusão que quanto mais nos engajamos com a evidência, mais perto estamos do passado. A idéia de descobrir a verdade na evidência é um conceito modernista do século XIX e não há mais lugar para ela na escrita contemporânea sobre o passado[30].

A *memoria rerum gestarum* de Salústio já não precisa parecer apenas mera literatura, penumbra a encobrir uma realidade escondida, mas pode constituir impulso à reflexão também sobre nossa própria atuação como criadores de discursos sobre o passado. Salústio lembra-nos da onipresença de nossos interesses e pontos de vista ao tratarmos da História.

Agradecimentos

Agradecemos aos organizadores do volume o convite para participarmos de uma obra coletiva sobre a historiografia antiga e a Gabriele Cornelli. Devemos mencionar, ainda, o apoio institucional da Fapesp e da Universidade Estadual de Campinas.

---

[30] A. Munslow, *Deconstructing History*, London/New York, Routledge, 1997, p. 178.

A política como objeto de estudo: Tito Lívio e o pensamento historiográfico romano do século I a.C.

Breno Battistin Sebastiani

A data mais provável do nascimento de Tito Lívio é 59 a.C. e a da morte, 17 d.C., ambos em Pádua. Porém, ambas as datas são contestadas. É o primeiro historiador romano que não pertence à aristocracia senatorial, tendo iniciado a redação de sua obra entre 27 e 25 a.C. Os *Ab Urbs condita libri* eram em princípio constituídos de 142 livros mais o prefácio inicial. Desses possuímos apenas 35: os dez primeiros, que narram a história de Roma desde suas origens até 293 a.C., e o intervalo compreendido entre os livros XXI-XLV, que relatam do início da Segunda Guerra Púnica (218 a.C.) até o começo da Terceira Guerra Macedônica, em 167 a.C. Este texto objetiva discutir os significados modernamente históricos e literários da esfera política enquanto conteúdo da obra do paduano. Para tanto é necessário analisar previamente algo das origens da conceituação desse conteúdo enquanto objeto historiográfico, sua presença no pensamento romano do século I a.C. e a influência que ambos teriam exercido sobre Tito Lívio.

Ao iniciar a redação de sua obra, Heródoto (V a.C.) informa ser ela uma *demonstração de história* (I, 1). Aparentemente tão familiar, a idéia de história transmitida pelo historiador não se reporta ao gênero literário modernamente conhecido, mas constitui parte do método de pesquisa empregado pelo autor chamado atualmente de historiador. Ligada etimologicamente ao verbo grego *eído*, que guarda também a noção de ver, *perceber pelo intelecto*, a idéia de *história* apresentada por Heródoto

78   História e retórica

sintetiza o fruto das observações operadas ao longo de suas viagens de conhecimento pelos mundos grego e bárbaro. O conteúdo de sua obra se subordina ao alcance de sua experiência pessoal na apreensão desse conhecimento, ou seja, o autor só escreve porque conhece algo empiricamente, e não porque especule acerca de algo que creia saber.

Tucídides (V-IV a.c.) por sua vez informa em seu prólogo que "compôs em prosa a guerra entre os peloponésios e atenienses" (I, 1), guerra cujo desenrolar vivenciou completamente (V, 26, 5). Também ele está inteiramente presente em sua narrativa, dada a sua participação no processo narrado. Assim como Heródoto, Tucídides narra o fruto de sua própria experiência pessoal.

Esses dois exemplos são significativos para demonstrar que, no mundo grego, os autores de uma obra modernamente chamada historiográfica só escreviam sobre fatos por eles próprios vivenciados. Em virtude disso, seu método de trabalho estava condicionado às faculdades humanas de que dispunham para apreender o fato delimitado como conteúdo da narrativa, o qual forçosamente se circunscrevia ao presente e ao passado que, ao final da redação da obra, era próximo do contexto historiado e ainda ecoava na memória do leitor. Quando tratavam de um passado muito recuado, quase apagado da memória dos contemporâneos e freqüentemente encerrado em versões míticas, tinham de recorrer a métodos indiretos para sua apreensão, de cuja imprecisão tinham consciência. Por isso, só o faziam em caso de muita necessidade, como os 23 primeiros parágrafos de Tucídides, e para ilustração contextualizante do restante da narrativa, centrada basicamente na temporalidade próxima do historiador.

Esse agir historiográfico definido pela historiografia grega clássica é recebido como um legado por alguns autores de Roma do século I a.C.

César publicou as anotações que fazia a respeito de suas expedições na Gália e por ocasião das Guerras Civis. Não constituem propriamente obra de história, mas um substrato destinado a futuros historiadores que necessitem de documentos para falar sobre aquelas circunstâncias.

Cícero, por sua vez, muito embora não tenha escrito uma narrativa histórica, deixou teorias a respeito de quem seria seu autor ideal. Na carta que escreveu em 56 a.c. a Luceio, historiador e político, pedindo que redigisse uma monografia sobre o ano de 63 a.c. e seus atos no exercício do consulado por ocasião da Conjuração de Catilina, Cícero diz por que o amigo pode ser tido por um historiador competente: afirma que ele é homem de "autoridade, ilustre, notável, conhecedor dos maiores e mais importantes assuntos de Estado e apreciado entre os primeiros cidadãos" (*Fam.*, V, 12, 7). Historiador e político, Luceio era o homem mais indicado para escrever sobre o amigo: acusara Catilina ao fim de 64 a.C. e, depois de seu consulado em 60 a.C., abandonou a política para dedicar-se à história. Cícero centraliza na prática política a base não só da experiência prática, mas também do conhecimento necessário ao historiador. Para Cícero o exercício da política é fonte de *auctoritas*, definida neste contexto como combinação de raciocínio analítico e de conhecimentos adquiridos que capacita o historiador para traduzir em palavras tanto a realidade vivida quanto a experiência dela advinda, com o máximo de clareza e fidelidade, possibilitando ao leitor quase que participar dos fatos que lê. A importância do autor da narrativa é avaliada em termos de quão bem ele seja capaz de espelhar a realidade sob forma discursiva, viabilizando seu fundamento na realidade da presença cognitiva[1]: Luceio é o homem ideal para escrever sobre Cícero, pois além de dotado de autoridade também vivenciou o período a ser historiado.

A forma tal qual atualmente conhecemos as cartas de Cícero é produto de sua primeira publicação, ocorrida durante o segundo triunvirato. Inimigos políticos do orador, os triúnviros de 43 a.C. o executaram. Na busca pelo poder supremo, Otaviano viu na publicação da correspondência de Cícero não apenas uma maneira de inocentar-se do crime, mas principalmente um modo bastante eficaz de desacreditar seus oponentes[2]. Tendo isso em mente, torna-se necessário analisar o deslocamento temporal operado por Salústio: a redação de sua *Guerra de Jugurta*

---

[1] Cf. as conclusões de Francisco Murari Pires (*Mithistória*, São Paulo, Humanitas, 1999, p. 229) relativas à questão do sujeito da narrativa em Tucídides.

[2] J. Carcopino, *Les secrets de la correspondance de Cicéron*, t. 1, Paris, L'artisan du livre, 1947, p. 58-65.

80 História e retórica

situa-se entre 43 e 42 a.c., portanto contemporânea da publicação das cartas de Cícero, o que torna problemático afirmar que o historiador conhecia o conteúdo das cartas de seu inimigo político. Redigindo sob uma perspectiva metodológica diferente da proposta pela historiografia grega, base teórica das formulações ciceroneanas acerca do historiador ideal, Salústio centra sua narrativa numa temporalidade já situada no passado remoto do qual poucas fontes restavam e sobre o qual era praticamente impossível encontrar para interrogar testemunhas oculares ainda vivas. Nascido em 86 a.c., trata de uma guerra ocorrida 27 anos antes (113-104 a.c.). Por que um contemporâneo de Cícero, conhecedor também dos cânones da historiografia grega, opera esse deslocamento, ou seja, trata de uma temporalidade que não apreendeu por experiência direta?

A *Guerra de Jugurta*, entre outras questões, discute em termos morais as atuações dos *optimates* e *populares* no Senado romano na disputa pelo comando da guerra que dá título à obra. Por trás das amplas possibilidades literárias oferecidas pelo assunto (personalidades de destaque, sucessos dramáticos, paisagens exóticas)[3], foram motivações políticas que levaram o historiador a escrever, as quais implicam, no mundo romano, atuações na esfera militar, dadas as competências de magistraturas urbanas como o consulado e a pretura que encerram atribuições políticas e militares.

Se Salústio não vivenciou o período, conhecia todavia muito bem o ambiente senatorial e o jogo político romano, do qual participou sob auspícios de César, até retirar-se para escrever história. Muito mais do que uma forma de crítica indireta à sua própria época, o enfoque no passado remoto se baseia na convicção de que a experiência presente somada a algum outro instrumento teórico permitiria que o historiador se libertasse dos laços que o prendem ao presente. Esse instrumento teórico se fundamentava numa idéia comum entre Cícero e Salústio: a de que a história é tarefa de indivíduos capacitados para escrevê-la, mas que não necessitam especificamente de experiência direta dos fatos narra-

---

[3] L. S. Mazzolani, prefácio a Salustio, *Guerra di Giugurta*, Milano, Rizzoli, 1983, p. 15.

dos, e sim do conhecimento da maneira apropriada para narrá-los. Nas palavras de Cícero: "Não vês quão grande tarefa de orador seja a história?" (*De oratore*, II, 62). Subgênero do gênero demonstrativo, o discurso da *historia* era regulado e institucionalizado pela retórica em Roma no século I a.C.[4]. A experiência pessoal direta fica em segundo plano quando a história passa a ser tratada como gênero literário. Nesse momento, a pesquisa empírica do passado tem seu campo de atuação ampliado: um indivíduo conhecedor das práticas retóricas pode escrever tanto sobre o presente vivenciado quanto sobre o passado cuja maior ou menor escassez de vestígios condicionava a maior ou menor veracidade do relato. O método de trabalho do historiador não mais se centra no estabelecimento de uma verdade que corresponda diretamente à tradução literária de sua apreensão pessoal da realidade, mas à *ueritas* entendida em termos de *fides*, credibilidade emprestada à narrativa[5]. Enquanto construção retórica, a verdade se situa no plano da plausibilidade que o leitor encontra no relato, e não necessariamente na exata correspondência entre realidade e discurso.

Conjugado com a experiência pessoal em Salústio, o conhecimento retórico é erigido por Tito Lívio como o único fator de legitimidade de sua obra. Aprofundando as possibilidades narrativas já sinalizadas pelo primeiro, Tito Lívio escreve sobre o passado romano mais recuado sem jamais haver ocupado um cargo político ou militar, tendo dedicado toda sua maturidade e velhice à redação de seu trabalho.

A preceituação retórica seguida por Tito Lívio para redigir sua obra corresponde à parte das discussões historiográficas ciceroneanas acerca do conteúdo e sua disposição estrutural dentro de uma narrativa histórica.

Quando trata do conteúdo, Cícero delimita a esfera política como cerne do relato do historiador. Tentando persuadir o amigo, o orador

---

[4] R. Ambrósio, "Cícero e a história", *Revista de história*, 147, 2002, p. 29. Cf. também *Idem*, p. 12 e sua análise de *De oratore*, II, 35-6.

[5] A. Chiappetta, "'Não diferem o historiador e o poeta...' O texto histórico como instrumento e objeto de trabalho", *Língua e literatura*, 22, 1996, p. 18.

82 História e retórica

insiste que sua proposta é a que mais se presta para ser objeto de uma monografia histórica:

> Parece-me poder ser elaborado um texto razoável desde o princípio da conjuração até a data do meu retorno, texto no qual poderás utilizar teu conhecimento das conjurações civis para explicar as causas das novidades ou quanto às soluções para os problemas, ocasião em que censurarás aquilo que julgares deva ser criticado; e aprovarás as ações agradáveis ao expor suas razões e se, como costumas, julgares devas escrever com liberdade, apontarás a perfídia, os ardis e a traição de muitos contra mim (*Fam.*, V, 12, 4).

A proposta feita a Luceio centrava-se na descrição de eventos ocorridos dentro de um arco de seis anos, do início da conjuração de Catilina (63 a.c.) até a volta do exílio (57 a.c.) que Cícero se auto-infligira. Eleito tribuno da plebe, Clódio, inimigo político do orador, promulga um projeto de lei, sem referir-se nominalmente a Cícero, propondo que fosse perpetuamente banido o cônsul que matara os conjurados de Catilina sem ter suas condenações legitimadas pelo apelo ao povo garantido por costumes imemoriais. Sem o apoio dos amigos, em março de 58 a.C., às vésperas da votação do projeto, Cícero foge de madrugada para a Grécia, voltando a Roma em setembro do ano seguinte[6].

Os seis anos delimitados por Cícero correspondem, até a data da carta, ao período em que sua vida pessoal quase se confunde com a intensidade de sua vida política. Pela preceituação ciceroneana relativa ao conteúdo da história, a esfera política é erigida como matéria em que se deve centrar a narrativa historiográfica. No *De oratore*, tratado escrito um ano após a carta a Luceio e no qual sintetiza seu raciocínio a respeito do agir historiográfico, Cícero identifica história com *res gestae* (*De oratore*, II, 61; 63), os feitos, as ações ilustres dignas de memória histórica, circunscritas às esferas política e militar.

Quanto à ordem estrutural da disposição dos conteúdos, Cícero afirma:

---

[6] Carcopino, *op. cit.*, p. 318-319.

A composição se dá em termos de fatos e palavras. A seqüência dos fatos pressupõe a ordem cronológica e a descrição dos lugares; e é preciso que sejam observadas, quando são importantes e dignas de memória, primeiro as deliberações, depois as ações, por fim o sucedido. Com relação às deliberações, o escritor deve indicar a que ele aprova. Sobre os fatos, declarar não só o que foi feito ou dito, mas também de que maneira o foi. Quando falar do sucedido, é preciso que narre não só as ações do acaso, da sabedoria, da temeridade e dos próprios homens, mas também a biografia e a natureza daqueles que são excelentes devido à reputação ou ao nome (*De oratore*, II, 63).

O processo de estabelecimento dos fatos aponta diretamente para a esfera da política romana: a série deliberações-ações-sucedido se aplica às instituições da república responsáveis pelo exercício da política. *Deliberações* diz respeito ao Senado ou ao povo reunido em assembléias, o primeiro para debater assuntos de política externa, uma de suas competências, o povo quando das eleições consulares, por exemplo. Já *ações* parece referir-se aos atos desempenhados por magistrados, como Cícero quando cônsul por ocasião da conjuração. *Sucedido* se reporta ao resultado provocado pelas ações, o qual implica alterações no cenário político que devem ser aquilatadas pelo historiador.

Quando se analisa a obra de Tito Lívio, percebe-se no Prefácio que o fato de o historiador não possuir qualquer experiência político-militar o leva a falar de fatores outros que no seu entender o qualificam para escrever história:

Não sei se valerá a pena relatar toda a história do povo romano desde os primórdios da cidade, e se soubesse não ousaria dizer, pois que vejo ser isso coisa antiga e propalada, e os novos escritores sempre crerem que contribuem com algo mais preciso em relação aos fatos, ou que superam a rude antigüidade pela arte do escrever. Como quer que seja, agradar-me-á ter contribuído para com a história dos feitos do principal povo da terra; e se em meio a tamanha gama de escritores minha reputação permanecer na obscuridade, consolar-me-ei com a nobreza e grandeza daqueles que ultrapassarem meu nome. Além disso, o assunto é coisa de obra imensa, pois remonta há mais de

84 História e retórica

setecentos anos; de inícios modestos o império cresceu a tal ponto que hoje curva-se sob sua própria grandeza; e à maioria dos leitores não duvido que menos apreciarão as origens e as coisas próximas a elas, apressando-se rumo a estas novidades em meio às quais atualmente as forças de um povo há muito valoroso se destruíram a si próprias. Quanto a mim, ao contrário, pedirei esta recompensa pelo meu trabalho: que eu me afaste da observação dos males que nossa época presenciou durante tantos anos, durante tanto tempo quanto retomo na memória todas aquelas coisas antigas, desprovido de todo o cuidado que, embora não possa desviar do que é verdadeiro o ânimo de quem escreve, pode todavia torná-lo preocupado (*Pref.* 1-5).

O historiador fala de seus predecessores, do assunto, dos leitores e de suas aspirações quanto à sua obra de maneira intencional: ao contrário de Heródoto e Tucídides, não vivenciou a maior parcela cronológica do conteúdo de sua obra, dada sua extensão; ao contrário de César, Salústio e das qualificações de Luceio mencionadas por Cícero, Tito Lívio tinha conhecimentos apenas teóricos da esfera político-militar. Mais do que dirigir o pensamento do leitor para suas outras qualificações que não as fundadas na experiência pessoal, o emprego retórico dessas considerações nesse sentido evidencia o deslocamento operado pelo paduano quanto aos atributos necessários ao historiador. Seguindo os preceitos de Cícero, o historiador comporta-se agora como *exornator rerum* (*De oratore*, II, 54), ou seja, embelezador de assuntos, o que lhe possibilita ater-se exclusivamente à composição da narrativa e não necessariamente na experiência que era para os gregos fundamento metodológico.

Se, por um lado, Tito Lívio não possui experiência político-militar, nem por isso sua obra deixa de centrar-se precisamente nessa esfera de atuação humana. Por outro lado, em nenhum momento de sua obra Tito Lívio esboça uma teoria política. Nas palavras de Wiedemann:

> Criar uma estrutura narrativa coerente para seu material era mais importante para Lívio do que fazer análise política. Para um estudo do pensamento político romano Lívio é desapontador, não tanto porque carece de uma análise teórica explícita (ou porque as categorias analíticas não são sofisticadas),

A política como objeto de estudo: Tito Lívio... 85

ou porque as intenções literárias têm prioridade, quanto porque ele é um romano escrevendo para romanos, e toma por admitido que as instituições políticas e sociais não precisam ser descritas explicitamente. Heródoto, Tucídides e seus sucessores tiveram de descrever as instituições atenienses e espartanas para uma audiência que incluía não espartanos e não atenienses; não havia necessidade para Lívio de explicar os poderes de um magistrado romano ou das assembléias[7].

Na Roma republicana as esferas política e militar nunca estiveram separadas. A expansão territorial, o uso da força militar e a exploração econômica das regiões submetidas atendiam diretamente aos interesses da oligarquia que então se consolidava no domínio da cena política romana. Esse processo é claramente perceptível quando se analisa a constituição romana e os meios necessários para se chegar às mais altas magistraturas. O principal caminho para a ocupação de um alto cargo era o exercício de um bom comando, isto é, dar provas de saber manter a disciplina dos soldados e triunfar na cidade ostentando um butim valioso e os nomes de vários povos conquistados. Um bom comandante, na mentalidade romana, era aquele que enriquecia, engrandecia e expandia territorialmente as conquistas da cidade. Era aquele que beneficiava diretamente o cidadão-soldado romano, e que, por isso, era digno de ser eleito para os mais altos cargos. Por outro lado, quase todas as magistraturas romanas tinham por atribuição comandos militares, e só se adentrava à carreira política depois de dez anos de serviço militar. Ao ocupar uma magistratura *cum imperio*, o cidadão tinha por função exercer comandos militares e continuar, tal qual seus antecessores, a marcha das empresas bélicas.

Isso significa que a guerra nutria a política e vice-versa; não se fazia uma sem a outra, uma não existia em separado da outra. O cônsul convocava os comícios centuriados e comandava o exército. Se empreen-

---

[7] Th. Wiedemann, "Reflections of Roman Political Thought in Latin Historical Writing", em C. Rowe, M. Schofield, S. Harrison e M. Lane (eds.), *The Cambridge History of Greek and Roman Political Thought*, Cambridge, Cambridge University Press, 2000, p. 523.

86 História e retórica

desse uma guerra com sucesso, contribuía para o aumento do prestígio do grupo no Senado que o sustentava. Numa época em que a disputa política entre os vários grupos oligárquicos se acirrava, um comando competente somava preciosos pontos para o grupo a que pertencia o comandante. E quanto mais prestígio um determinado grupo possuísse, mais poderosamente exercia sua influência no Senado, que detinha o comando supremo sobre a política externa e o envio de recursos para um comandante em exercício. Fechava-se assim o círculo prestígio político/influência no Senado/manutenção do comando/sucesso militar/ prestígio político.

A presença da esfera político-militar na obra do paduano pode ser percebida quando se atenta para o significado de dois enunciados do Prefácio:

> Cada um por si as analise agudamente, qual vida, que costumes existiram, devido a que homens e por quais artes interna e externamente o império tenha sido produzido e aumentado; depois, pouco a pouco acabando a disciplina, como costumes diferentes invadiram os ânimos, depois de terem decaído cada vez mais, quando então começaram a se precipitar para esses tempos em que nem nossos erros nem soluções para eles podemos suportar. Sobretudo isto é salutar e frutífero no conhecimento dos fatos: que tu contemples todo tipo de exemplos que são testemunhos daquilo que é ilustre; a partir de então o que imitarás para teu benefício e para o de tua república, e aquilo que, vergonhoso pelo início ou pelo resultado, evitarás (Pref. 9-10).

Na primeira parte dessa passagem Tito Lívio enuncia a necessidade do conhecimento das circunstâncias humanas condicionantes da formação do império, entendido como processo e resultado do emprego de força militar e estratégias políticas, coordenadas responsáveis pela constituição sociogeográfica do mundo romano, e de como o abandono paulatino do fator militar fundamental para manter a estabilidade desse império, a disciplina, leva a uma época caótica. Nos dois momentos da enunciação em que comparece o elemento humano (as vidas, os costumes, os homens e as artes por um lado; a questão da disciplina por

A política como objeto de estudo: Tito Lívio... 87

outro), a preocupação com o conhecimento de suas relações na esfera político-militar sinaliza um viés interpretativo característico da historiografia latina do período, a análise dos fatos pelo prisma das questões morais. No caso romano, a busca pelo conhecimento do *mos maiorum*, o costume dos ancestrais, coletânea em boa medida idealizada de parâmetros de comportamento passado socialmente aceitos e recomendados no século I a.C.

Mais do que conservadora, a preocupação em avaliar comportamentos e situações tendo por referência o *mos maiorum* evidencia uma visão de mundo aristocrática. O vocabulário de homens como Tito Lívio está forjado por sua preocupação aristocrática com guerra e política. Eles interpretam o sucesso político e o fracasso inflexivelmente em termos morais. Reciprocamente, sua linguagem moral é essencialmente social e política.

Os aristocratas representavam seu ideal como herdado, fazendo apelo freqüente ao amálgama de precedentes morais e constitucionais que descreviam como *mos maiorum*. Era fundamental o conhecimento da história e da tradição, por três razões. Primeiro, esses homens aprendiam sua ética de seus predecessores, especialmente de histórias exemplares de heroísmo. Segundo, a posição preeminente da elite tinha notavelmente pouca proteção na lei; ela se baseava em um poderoso respeito pelo precedente. Terceiro, a família, de preferência ao indivíduo, era a primeira fonte de reputação e de orgulho[8].

Em Pref. 10 Tito Lívio enuncia a importância dos *exempla*[9] "no conhecimento das coisas" (*in cognitione rerum*). Na obra de Tito Lívio, até uma certa data do desenvolvimento da história de Roma, só serão encontrados bons exemplos, mas depois dela apenas exemplos negativos.

---

[8] E. M. Atkins, "Cicero", em C. Rowe, M. Schofield, S. Harrison, M. Lane (eds.), *The Cambridge History of Greek and Roman Political Though*t, Cambridge, Cambridge University Press, 2000, p. 481-482.

[9] Sobre a importância dos *exempla* para Tito Lívio, cf. M. von Albrecht, *Storia della letteratura latina: Da Livio Andronico a Boezio*, vol. 2, Torino, Einaudi, 1995, p. 858; H. Bornecque, *Tite-Live*, Paris, Boivin, 1933, p. 38 e J. Bayet, introdução a Tite Live, *Histoire Romaine*, t. 1, livro 1, Paris, Les Belles Lettres, texte établi par J. Bayet et traduit par G. Baillet, 1947, p. xxxviii.

88 História e retórica

Até 188 a.C. predominariam em Roma os exemplos a serem seguidos. A partir desta data, iniciada a decadência dos costumes, os exemplos a serem evitados. Salústio identifica (*Iug*, XLII) a destruição de Cartago em 146 a.c. como o início da corrupção dos costumes devido ao ócio, à luxúria e à indisciplina por parte da oligarquia governante (*Iug*, V, 1). Tito Lívio não afirma quando, em sua concepção do passado, a disciplina começou a ser abandonada.

É S. Mazzarino[10] quem afirma que Tito Lívio localiza o início da decadência de Roma no ano de 188 a.c. Com efeito, Tito Lívio diz que depois do triunfo de Cneu Mânlio Vulsão sobre a Ásia, em 188 a.C., o luxo penetrou em Roma (XXXIX, 6). Na última frase desse capítulo deixa claro seu parecer sobre o assunto: "Isso tudo era a semente do que ainda estava por vir". Tito Lívio compartilha da visão bipolar de Salústio, porém recua a data do início da decadência.

Os *exempla* são o cerne da obra de Tito Lívio e constituem o eixo diretivo através do qual o historiador tece sua narrativa, bem como o motivo pelo qual seu trabalho provocou tanta repercussão. "A história de Lívio alcançou tal sucesso como o épico nacional romano que eclipsou todos os anteriores anais porque fornecia uma incrível série de *exempla*"[11].

M. von Albrecht, enfatizando a importância dos conceitos morais na obra de Tito Lívio, afirma que "seria bastante apressado restringir a perspectiva do historiador a uma tendência pedagógica. O elemento moral se coloca num contexto antropológico mais amplo: trata-se dos comportamentos que contribuíram para a grandeza e para o declínio de Roma"[12]. Tendo em vista essa perspectiva[13] percebe-se que o uso dos *exempla* por parte de Tito Lívio não é apenas um meio por ele encon-

---

[10] S. Mazzarino, "Prólogo a respeito de dois conceitos muito antigos: império universal e decadência do Estado", em *O Fim do Mundo Antigo*, São Paulo, Martins Fontes, 1991, p. 25.

[11] Wiedemann, *op. cit.*, p. 522.

[12] *Op. cit.*, p. 855

[13] É preciso apenas ressaltar a estreiteza de se estudar o mundo romano em termos de grandeza e decadência. O argumento de M. von Albrecht é válido ao aquilatar o significado do elemento moral na ótica de Tito Lívio.

A política como objeto de estudo: Tito Lívio... 89

trado para ministrar lições aos seus leitores. Antes é o meio por ele utilizado para explicar a história romana. Mais do que isso, um meio para explicar para si próprio os fatos que narra[14] Nesse sentido, é preciso perceber que a construção de *exempla* está desvinculada da preocupação de fornecer *exempla* políticos ou para homens ligados à política. Para muitos romanos a república tardia e o império nascente lembravam o século IV a.C. do mundo grego com sua participação política diminuída e um mundo fora de controle. Primeiro Salústio e depois Tito Lívio, assim como Xenofonte e Teopompo antes deles, enfatizaram o componente moral da história. O novo mundo político mostra que as figuras e os exemplos da história romana não tinham grande valor prático, mas preferencialmente força moral. Bons cidadãos exibem virtudes universalmente válidas, qualquer que seja a forma de governo, e mesmo o cidadão comum, particular, pode aprender com as biografias dos grandes[15].

A importância legada pelos historiadores gregos e romanos aos *exempla* do passado reporta-se a Isócrates[16]. J. Mandel afirma que "os filólogos clássicos faziam, no desenvolvimento da historiografia grega, a distinção entre duas correntes, que eles denominavam pragmática e retórica. O criador da primeira corrente foi Tucídides, que não tinha de modo algum a intenção de divertir seus leitores, mas queria lhes transmitir fatos ocorridos, acompanhados de suas causas e conseqüências. A segunda corrente, a retórica, formou-se na época helenística, sob a influência das idéias de Isócrates (séculos V e IV a.C.), que acentuava e exigia que se respeitasse antes de tudo o lado artístico da obra, sua redação retórica, mesmo em detrimento da verdade e da exatidão históricas"[17]. A historiografia dita isocrática, que marcará a concepção da historiografia romana arcaica, compõe-se em relação à historiografia tucidideana em

---

[14] Cf. Bornecque, *op. cit.*, p. 140.

[15] J. Marincola, *Authority and Tradition in Ancient Historiography*, Cambridge, Cambridge University Press, 1999, p. 29.

[16] A. Momigliano, em D. Musti (org.), *La storiografia greca. Guida storica e critica*, Roma-Bari, Laterza, 1979, p. 89; Gentili e Cerri, em idem, p. 157.

[17] J. Mandel, "L'historiographie hellénistique et son influence sur Cicéron", *Euphrosyne*, 10, 1980, p. 8.

90 História e retórica

dar menor ênfase na objetividade e maior ênfase na perspectiva política conservadora, no nacionalismo, no psicologismo e na moral[18]. Todos esses elementos estão presentes em Tito Lívio, o que permite inseri-lo junto aos adeptos de tais concepções historiográficas.

Muito embora a história de Tito Lívio seja estruturada pela descrição e análise de *exempla* político-militares, sua presença na narrativa constitui material de reflexão pessoal para leitores não necessariamente vinculados a essa esfera. A retórica pinta os caracteres com cores mais vivas precisamente porque exercitada acerca de uma época cronologicamente recuada e durante um período em que esses caracteres são reconhecidamente construções literárias, ao contrário das descrições contemporâneas feitas por outros historiadores que, muito embora expostas pela ótica subjetiva do autor, constituíam retratos algo mais acessíveis, cujo *exemplum* era passível de ser novamente praticado por parte do leitor instruído e perspicaz, pois que lidos durante uma época em que esse leitor ainda podia atuar política ou militarmente.

Poucos anos antes de Tito Lívio ter iniciado sua redação, em contexto judicial, Cícero reclamava retoricamente haver procedido exatamente sob esse último ponto de vista. Em 62 a.C., defendendo o poeta Árquias da acusação de não possuir cidadania romana, Cícero exclama:

> Todos os livros estão cheios, cheias as vozes dos sábios, cheia de exemplos a antiguidade, os quais permaneceriam todos nas trevas, se não sobreviesse a luz das letras. Quantos retratos de ilustres homens não só para contemplar, mas de fato para imitar nos deixaram os escritores gregos e latinos! Tendo-as sempre diante de mim no governo da república, modelava meu alento e inteligência pelo pensamento desses homens excelentes (*Pro Archia*, 14).

Àquele que já de fato governara a república (Cícero fora cônsul no ano anterior) a interessada retórica pode também sinalizar uma perspectiva pragmática acerca do estudo de antigas personalidades. Mas a relativa liberdade de exercer tal papel político-militar à época de Cícero

---

[18] Musti, *op. cit*, p. xxxiii.

praticamente havia desaparecido sob o principado de Augusto durante o qual Tito Lívio escrevia. A perspectiva ciceroneana pode ter fornecido ao paduano um método a partir do qual estruturar o conteúdo de sua obra, mas que deveria ser redimensionado dada a necessidade de permanecer restrito à esfera literária, sem pretensões de tornar-se um manual de conduta político-militar. Sob essa ótica Tito Lívio foi entendido e analisado pela retórica latina; assim o Principado o recebeu e viu na sua narrativa o contraponto em prosa do épico nacional romano já cantado por Vergílio.

Ainda em *Pref.* 10 percebe-se que a construção dos *exempla* assenta em uma cisão de cunho moralizante: uns servem de modelo de conduta, outros devem ser evitados. Sob essa perspectiva é significativo destacar a figura do Cipião Africano construída pelo historiador, que guarda em sua composição fases distintas nas quais atua ora como exemplo positivo, ora como reprovável.

Públio Cornélio Cipião, cognominado Africano após seu triunfo sobre os cartagineses e sobre o rei Sífax, nasceu em 235 a.C., em Roma, e faleceu em 183 a.C., provavelmente em Literno. As magistraturas por ele ocupadas compreendem uma edilidade (213 a.C.), dois consulados (205 e 195 a.C.), o principado do Senado por três lustros consecutivos (de 199 a 184 a.C.) e uma censura (199 a.C.). Triunfou em 201 a.C. sobre a África e partilhou da glória de seu irmão pela vitória sobre Antíoco III (190 a.C.). Ao final da vida, depois de ter sido processado (184 a.C.), retirou-se para um exílio voluntário em Literno.

A carreira político-militar de Cipião é composta por três fases distintas, e cada uma delas fornece um tipo de *exemplum*. Iniciou-se na política ainda muito jovem; desempenhou brilhantemente suas funções militares, amparado pelo apoio do grupo cipiônico, freqüentemente abrindo precedentes constitucionais que o beneficiavam; manipulou elementos da religião e do pensamento popular com vistas a garantir o apoio do povo; através de seus sucessos militares enriqueceu o Estado e aumentou seu domínio territorial. Até 201 a.C. sua carreira é atípica, meteórica e determinada por sua personalidade, e não pelo respeito ao *mos maiorum*. Até esse ano Cipião esteve envolvido num

92 História e retórica

dos mais decisivos episódios da história romana, coberto de façanhas e riquezas, além de haver derrotado em batalha um general considerado invencível. Essa primeira fase, que vai de 211 a.C. até 201 a.c., é a fase da construção e do auge do poder e do prestígio de Cipião, e fornece o *exemplum* do comandante que por seu esforço e por importantes auxílios aproveita-se habilmente das circunstâncias e coloca-se como a personagem mais importante de seu tempo. Paralelamente à sua ambição, também são assinalados a Cipião valores morais, a fim de caracterizá-lo como um comandante que sempre coloca o Estado acima de seus interesses. O jovem ambicioso que questiona e ameaça a autoridade do Senado em 205 a.C.[19], o que configura um exemplo a não ser seguido, é o mesmo que na Espanha recusa o odioso título de rei oferecido por populações por ele libertadas ou devolve generosamente a noiva intocada de um príncipe local[20].

A partir de 201 a.C., porém, o cenário muda: embora o grupo cipiônico ainda seja muito forte dentro do Senado, não há mais comandos militares de grande vulto. Cipião mantém seu prestígio ocupando um novo consulado, a censura e três principados do Senado consecutivos. Politicamente ainda é brilhante, mas militarmente está inativo. Para alguém que construiu seu poderio e seu prestígio através de surpreendentes e significativas vitórias em batalhas, permanecer militarmente inativo é o mesmo que abrir mão da fonte de poder. Essa segunda fase, que vai de 200 a.C. até 191 a.C., fornece o *exemplum* do homem já cheio de prestígio que dele se beneficia, sem contudo ter ao seu dispor as circunstâncias que forjaram seu poder. É um momento de fruição do prestígio e do poderio conquistados na primeira fase, que o levam a ocupar a magistratura mais alta da carreira política (a censura). Sem comandos significativos, diminui o poderio de Cipião, e as forças contrárias ao grupo cipiônico se reorganizam e passam a enfrentá-lo diretamente. Predomina o exemplo positivo, com destaque para a ocu-

---

[19] Cf. Tito Lívio, XXVIII, 40-44.

[20] Em 210-9 a.C. Cf. Tito Lívio, XXVII, 19, para a recusa do título de rei, e XXVI, 49-50, para a devolução da noiva.

pação da censura com Públio Élio Peto em *grande concórdia*[21], e os significados que cercam o principado do Senado. *Princeps senatus* era um título honorífico que conferia a um ex-magistrado de destacada importância a preeminência ao tomar a palavra no Senado. Não configurava atribuição de poderes, mas sim de prestígio, tanto maior quanto mais duradoura a ocupação do principado. Neste momento, Cipião é um homem coberto de glórias da Espanha e da África, já ocupou as magistraturas mais elevadas e ocupa pela segunda vez o consulado: seu imenso prestígio faz com que ele seja o homem mais poderoso de Roma no momento.

A partir de 190 a.C. entra em declínio também o prestígio de Cipião. Seus sucessos haviam incomodado muita gente; não era possível permitir que uma simples legação à Ásia reanimasse a chama de mais uma brilhante empresa bélica. Enfraquecido politicamente devido à inatividade militar do período anterior, Cipião é processado e termina seus dias fora de Roma, sem ocupar magistraturas nem comandos militares. Essa fase, que vai de 190 a.C. até 183 a.C., constitui o *exemplum* do homem dotado apenas de influência, mas sem poder efetivo, que é contido pela reorganização das forças que um dia tentara conter. A ausência de comandos significativos e o declínio do poder do grupo que o apoiava enfraquecem-no frente a seus adversários, que acabam por retirá-lo de vez do cenário político-militar romano. Predomina o exemplo negativo, salientado por ocasião de seu processo.

Em 190 a.C. Cipião é escolhido para ir à Grécia e à Síria como legado de seu irmão Lúcio, então cônsul. O objetivo de vencer Antíoco é concretizado, e envolveu não só disputas militares como também diplomáticas. É sobre estas que recaem as acusações dos tribunos: entre outras coisas, em 184 a.C. Cipião é acusado de comportar-se como o verdadeiro comandante das operações, e não como legado. Como observa Astin, "parece que Cipião efetivamente dissolveu a assembléia que ouvia o caso, retirando-se dela dramaticamente tão logo completou um discurso altamente emocional no qual recordava a seus ouvintes seus grandes

---

[21] Cf. Tito Lívio, XXXII, 7, 2.

94 História e retórica

serviços para Roma. Mas ele se colocou em uma posição difícil, pois desafiou um tribuno e recusou-se a responder às acusações"[22].

Primeiramente Cipião desafiou a *potestas* tribunícia, negando-se a responder às acusações. Isso era um procedimento perigoso, não só pelo precedente que abria na constituição, mas porque à época o Senado era dominado pela facção ligada ao então censor Catão (184 a.C.), ferrenho opositor do grupo cipiônico e em particular das estratégias político-militares de Cipião, de quem fora questor em Siracusa (204 a.C.)[23]. Não é gratuito o fato de uma das principais acusações dos tribunos ter sido a de que Cipião se comportara com luxo excessivo nessa cidade. Plutarco relata que na ocasião Cipião vestia-se com trajes gregos e passava seu tempo em palestras e teatros, o que chocou seu questor, a ponto de provocar o envio de uma comissão investigativa. Mesmo que essa história seja uma criação posterior, da época dos processos contra os Cipiões para justificar a oposição de Catão[24], ainda assim ela serve para exemplificar a oposição entre Catão e o Africano quanto à maneira de encarar o mundo helenístico, fonte de disputas políticas à época.

Havia muito os tribunos da plebe agiam em consonância com as diretrizes do Senado. Via de regra, os tribunos pertenciam aos extratos elevados da plebe, que participava do governo da república e tinha interesse em preservar a constituição. Assim, não eram adversários do Senado, mas tornaram-se órgãos de controle constitucional e freqüentemente instrumento de luta política contra os magistrados maiores que entravam em conflito com o Senado ou se recusavam a seguir suas disposições[25]. Enfrentando os tribunos, Cipião enfrenta todo o grupo en-

---

[22] A. E. Astin, "Roman Government and Politics, 200-134 B.C.", em A. E. Astin, F. W. Walbank, M. W. Frederiksen e R. M. Olgivie (eds.), *The Cambridge Ancient History*, vol. 8, Cambridge, Cambridge University Press, p. 179-180.

[23] Plutarco, *Cat. Mai.*, 3, 7.

[24] Conforme sugere E. Rawson, "Roman Tradition and the Greek World", em A. E. Astin, F. W. Walbank, M. W. Frederiksen e R. M. Olgivie (eds.), *The Cambridge Ancient History*, vol. 8, Cambridge, Cambridge University Press, p. 434.

[25] F. de Martino, *Storia della costituzione romana*, vol. 2, Napoli, Eugenio Jovene, 1973, p. 247.

tão dominante no Senado, recusando-se a manter o equilíbrio político que garantia o poder oligárquico.

Porém, Cipião ainda lança mão de um recurso que sempre o favoreceu: volta-se para o povo, trata os populares por *quirites*, relembra o apoio que seus soldados lhe deram por tanto tempo, e invoca aqueles que ainda lhe eram favoráveis para segui-lo em sua peregrinação pela cidade. Apela para o elemento religioso que no começo de sua carreira rendeu-lhe admiração por parte da massa e apoio político nas assembléias populares. O povo o apóia; tal aclamação é maior do que aquela que recebeu quando do triunfo sobre a África. Mas em vão. Cipião sabe que o apoio popular só se transforma em apoio político quando a facção a ele favorável predomina no Senado. Não é o caso: a orientação do Senado é abertamente contrária às suas propostas. Só restou aos escritores aprovar ou condenar em termos morais ambas as condutas. Sabendo-se vencido, Cipião retira-se de Roma para não sofrer humilhação ainda maior.

O retrato político-militar de Cipião Africano construído por Tito Lívio, bem como todas as suas análises dessas esferas são fruto de reflexão e não de experiência pessoal direta, ao contrário do que caracterizava as obras dos historiadores greco-latinos que o precederam. Ao operar essa ruptura, Tito Lívio torna-se o primeiro historiador a transformar em objeto de estudo algo que era fruto de conhecimento indireto, seguindo a preceituação ciceroniana para a qual a história era tarefa de oradores. Ao traçar *exempla* morais, Tito Lívio reclama preocupações pedagógicas (*Pref.* 10), mas também procura afastar-se da observação das agruras de sua época (*Pref.* 5). Fruto da arte retórica, na concepção ciceroniana a história identifica a instrução do leitor e a preservação da memória como meio de entretenimento deleitoso. Nesse sentido, é produto da eloqüência já desenvolvida, e sua função é ser um culto passatempo em horas de lazer: "Com efeito, ó Cátulo, disse Antônio, não costumo ler seus livros e alguns outros buscando alguma utilidade para o dizer, mas deleite, quando tenho lazer"[26]. Assim como para Salústio (*Iug.*, 4),

---

[26] *De oratore*, II, 59.

96 História e retórica

que se afastara da política para escrever história, atividade que reputava a mais importante intelectualmente, Tito Lívio utiliza seu *otium* para refletir sobre o passado romano, sob a perspectiva de que falar sobre guerras e política numa época em que o poder concentrava-se nas mãos de um só era a única alternativa possível para se ter contato e retirar lições dessas esferas.

Comentário sobre as
*RES GESTAE DIVI AVGVSTI**

Maria Luiza Corassin

Quando Augusto morreu em 19 de agosto de 14 d.C., com quase setenta e seis anos de idade, foram lidos perante o Senado quatro documentos que o imperador havia selado no ano anterior e confiado às Vestais. Estes documentos sem dúvida foram conservados no Arquivo imperial, onde Suetônio os consultaria um século após. Suetônio refere-se a um deles como "indecem rerum a se gestarum, quem vellet incidi in aeneis tabulis, quae ante Mausoleum statuerentur" (Suet. *Aug.*, CI, 4), "um resumo de seus feitos, que ele desejava fosse gravado em pranchas de bronze colocadas na fachada de seu mausoléu". Felizmente para nós, ele foi "publicado" após a morte de Augusto, em Roma, sob a forma de uma magnífica inscrição monumental.

Quando retornou do Egito, após o fim da guerra contra Marco Antônio, em 29 a.C., o então Otaviano iniciou a construção de um grandioso mausoléu na área extremo-norte do Campo de Marte, que serviria de tumba para si e para os seus familiares e descendentes. A porta do edifício que se abria para o lado sul era precedida por dois obeliscos; sobre as duas pilastras ao lado da entrada foram afixadas as placas de bronze com a inscrição contendo esse documento, segundo a vontade do autor. Deste exemplar afixado em Roma não restou nenhum vestígio; mas a cópia inci-

---

* Este trabalho é uma versão com ligeiras modificações de artigo publicado na Revista de História, do Departamento de História da Universidade de São Paulo, número 151, do segundo semestre de 2004.

98 História e retórica

sa sobre as paredes da entrada do templo de Roma e Augusto, em Ancira, na Ásia Menor, conservou a epígrafe para nós.

Esta cópia de Ancira (a atual Ancara), conhecida como *Monumentum Ancyranum*, foi encontrada no século XVI e apresenta o texto latino e uma versão grega. O título latino informa expressamente que a inscrição é uma cópia do exemplar romano, tal como foi gravado *in duabus aheneis pilis quae sunt Romae positae*. O texto grego sem dúvida foi acrescentado por tratar-se de uma província onde o grego era então a língua corrente[1].

Além do texto de Ancira, foi encontrada outra cópia em um templo em Apolônia, na Pisídia, ligada à província da Galácia, com a mesma versão grega. Finalmente, em 1914, em Antioquia da Pisídia (Colônia Cesareia), foram descobertos novos fragmentos do texto latino. A inscrição de Ancira é relativamente completa e como as lacunas dos textos gregos e latinos evidentemente não coincidem, foi possível reconstituir o texto latino com suficiente precisão, com o auxílio das demais cópias. A identidade entre os textos de Ancira e de Apolônia indica que a versão grega, com toda probabilidade, foi fixada por iniciativa de autoridades oficiais[2].

O documento nos primeiros quatorze capítulos enumera os títulos e cargos conferidos a Augusto pelo Senado e povo romano além dos serviços pelos quais ele foi agraciado na sua carreira (caps. 1-14); do capítulo 15 ao 24 há um relato das despesas (impensae) de todos os gêneros feitas em favor do Estado e do povo; as doações que fez às suas expensas aos veteranos e à plebe de Roma; os jogos e espetáculos oferecidos ao povo. A terceira parte, do capítulo 25 ao 35, contém os seus feitos na paz e na guerra, como pacificador e conquistador. Nos dois últimos capítulos, de conclusão, ele retorna ao tema da primeira parte, os títulos recebidos: o de "Augusto", no cap. 34, e o de "Pai da Pátria", no cap. 35. Gagé considera que isto é um destaque de dois títulos excepcionais do *cursus honorum* de Augusto, que coroam a sua carreira pública[3]. De fato,

---

[1]Introdução de Jean Gagé, em *RES GESTAE DIVI AVGVSTI*. Paris, Belles Lettres, 1935, p. 6.

[2] Sobre os textos epigráficos, ver as introduções de Jean Gagé e de F. W. Shipley, nas edições, respectivamente, de Les Belles Lettres e da Coleção The Loeb Classical Library. Utilizamos a tradução portuguesa de G. D. Leoni, com algumas alterações.

[3] Gagé, *op. cit.*, p. 15.

não era estranho à tradição epigráfica romana ressaltar os títulos mais importantes, colocando-os fora de ordem, em destaque no início ou no final da inscrição.

O título da inscrição colocado por Tibério menciona dois itens: as *Impensae* e as *Res Gestae*; o primeiro bloco do documento pode ser facilmente ligado ao terceiro, uma vez que os serviços prestados ao Estado estão aí registrados, bem como os *honores* conferidos em recompensa. No final do último capítulo, uma referência "cum scripsi haec, annum agebam septuagensumum sextum" (R.G. VI, 35) fornece a data da obra, posterior a 23 de setembro de 13. Mas é difícil de acreditar que Augusto tenha aguardado essa idade para redigir a obra de uma única vez. O mais certo é que ele tenha trabalhado nela diversas vezes, com adições sucessivas a partir de um esboço inicial, na elaboração de um documento ao qual sem dúvida dava grande importância. Não deve ter sido a obra improvisada de extrema velhice de Augusto, mas um trabalho refletido de sua maturidade[4].

Há uma antiga discussão sobre o gênero literário da obra. Na introdução das edições modernas são mencionadas expressões como "testamento político", "relatório de administração", "epitáfio", "autobiografia", "elogio triunfal". Não é tarefa simples determinar a natureza dela e nem é nosso objetivo aprofundar essa questão.

A *respublica* e o *populus Romanus* são mencionados como os destinatários finais de toda a atividade de Augusto, mas é o autor que aparece em destaque ao longo do texto. Para Gagé o destinatário da obra era a plebe de Roma; as distribuições que Augusto enumera são as que foram destinadas à multidão da capital, que praticamente não participa mais das assembléias e perdeu seu peso político, mas se contenta com as distribuições, os grandes espetáculos e as construções públicas devidas à generosidade imperial[5].

O relato é objetivo, omitindo aspectos da vida pessoal de Augusto. Os parentes são mencionados brevemente e apenas quando relacionados com os aspectos públicos. Aparecem como seus auxiliares: o seu

---

[4] *Idem*, op. cit., p. 23.

[5] *Idem*, p. 23 e ss.

100   História e retórica

genro, Agripa; Tibério, seu filho adotivo e sucessor; e os dois "príncipes da juventude", seus filhos adotivos, Gaio e Lúcio; refere-se a César apenas como "meu pai". Augusto jamais cita nominalmente os seus inimigos públicos, como Antônio, Bruto e Cássio. Omite o nome de Lépido, quando diz que aceitou ser Pontífice Máximo apenas quando "morreu quem, aproveitando das agitações civis" usurpara o sacerdócio (R.G., II, 10); esta foi a forma de demonstrar seu respeito à religião, por não ter destituído deste importante sacerdócio o seu detentor. Os nomes dos cônsules aparecem quando usados para fornecer a data consular dos eventos, de acordo com a forma romana de registrar o ano.

Pelo espaço que o autor deu às despesas (as *impensae*), poderia até parecer um balanço, uma espécie de contabilidade do governo. No entanto, não se trata de um relatório completo de sua gestão pública. Augusto, na enumeração das distribuições de dinheiro, das construções e obras públicas, apenas menciona o que doou de seu *patrimonium*, em grande parte herdado de César; do que foi extraído de sua *pecunia privata* ou dos enormes despojos de guerra que trouxe como triunfador por três vezes. Não se refere às despesas gerais do governo, do que saiu da caixa imperial, o futuro *fiscus*.

Por um lado, o documento tem aspectos estatísticos; apresenta, em uma enumeração seca, o número de cidadãos recenseados, as estradas e aquedutos restaurados, as somas distribuídas, o número de navios capturados, os reis exibidos nos triunfos, as províncias conquistadas ou pacificadas. Vários dados numéricos e informações sobre monumentos e edifícios são conhecidos apenas por este documento. Por outro lado, há o relato quase que épico das grandes ações empreendidas por Augusto, das quais o povo romano é apresentado como sendo o beneficiário.

Gagé chama as *Res Gestae* de "escrito apologético destinado a perpetuar uma imagem ideal de Augusto e de sua obra". "A história que elas escrevem é aquela que o autor desejava impor à posteridade"[6]. Esta obra desenha o retrato idealizado do seu autor e daí advém o seu interesse para os historiadores. Não é sempre que podemos contar com o teste-

---

[6] *Idem*, p. 34.

munho direto do principal envolvido nos fatos e que ocupava uma posição excepcional; evidentemente não é um testemunho imparcial, mas a imagem que ele desejava transmitir é tão ou mais informativa que os dados factuais. Neste caso é também evidente que Augusto não menciona os eventos e as recordações que ele preferia esquecer ou que não combinavam com a imagem que ele desejava construir.

O estilo é conciso, característico do documento epigráfico; mesmo um príncipe, dispondo de uma extensão excepcional para registrar sua inscrição, a ser afixada em lugar público privilegiado, é forçado a buscar uma economia de palavras para transmitir o máximo de conteúdo no espaço disponível. Texto de extensão relativamente pequena pela sua natureza epigráfica, como documento histórico apresenta enorme importância.

O Príncipe expõe as suas relações com o Senado e o povo romano. Este é o ponto que desejamos estudar, sob o ângulo dos aspectos sociais da passagem da República para o Império, que constituem um tema fundamental[7]; para tanto, a leitura de uma obra escrita por Augusto, na primeira pessoa, revela-se um documento de excepcional valor histórico. Do ponto de vista da história das idéias políticas ele é precioso, pois apresenta o principado descrito pelo seu autor: podemos colher diretamente a intenção de Augusto quando ele ressalta os aspectos que julga relevantes tais como o caráter legal e colegial do seu poder e o respeito ao *mos maiorum*.

Para compreender melhor o Principado é necessário considerar os diferentes grupos sociais, dos quais o próprio Augusto está plenamente consciente, como as *Res Gestae* o demonstram. São mencionados os senadores, a plebe urbana, os veteranos, os cavaleiros, os itálicos, os escravos e os provinciais. As referências aos diversos grupos sociais que aparecem nas *Res Gestae* demonstram as diretrizes adotadas por Augusto em relação a cada um deles.

---

[7] F. de Martino. *Storia della costituzione romana*. Napoli, Eugenio Jovene, 1974, v. 4,1, p. 21.

102   História e retórica

Polverini refere-se ao período dos idos de março de 44 a.C. a 27 a.C. como sendo o momento resolutivo da crise romana, do ponto de vista político-constitucional e também social, com a conclusão de um processo de transformação, que veio a culminar com a aceitação pela sociedade romana de um sistema político centrado no poder do Príncipe[8]. O fortalecimento progressivo do poder militar dos grandes comandantes durante as lutas civis do século I a.C. levou à afirmação do poder pessoal centralizado em um imperador.

A carreira de Augusto iniciou-se com a morte de César. A nobreza senatorial fora a responsável pela morte de César e pela falência de seu sistema político; ela detinha o poder e não estava disposta a cedê-lo. Mas o Senado não podia eliminar as forças sociais que César representava. Marco Antônio assumiu o controle dos elementos de força cesarianos, representados, sobretudo, pela plebe urbana e os veteranos. Quando após o assassinato de César, o Senado aceitou o compromisso com os cesarianos, abriu caminho para o fracasso da conspiração. Quando na sessão de 17 de março de 44 a.C. foram reconhecidos os atos do ditador assassinado, e em seguida ocorreu uma violenta manifestação popular durante os funerais de César, os conservadores perderam a partida. O Senado torna-se cada vez mais o instrumento dócil de homens ambiciosos que o controlam. O controle do Senado visava utilizá-lo como fonte de legalidade para uma política que defendia os interesses de novos grupos sociais emergentes, resultantes das transformações provocadas pela expansão imperialista.

Otaviano em 43 a.C. foi incluído, por senatus-consulto, como senador em nível consular, o que seria uma irregularidade, pois no momento era um jovem de menos de vinte anos, sem carreira pública anterior; mas o Senado legitimou este ato contrário ao costume. As *Res Gestae* iniciam-se com este fato: "Aos dezenove anos reuni um exército, com o qual afastei do Estado uma facção que o oprimia". "O Senado associou-me à sua ordem, acrescentando o grau consular e conferiu-me o comando militar" (R.G. I, 1).

---

[8] Leandro Polverini, "L'aspetto sociale del passaggio della repubblica al principato". *Aevum*. n. 38, fasc. 3-4, 1964, p. 243 e ss.

A seguir, a lei Pédia, apresentada por seu colega de consulado, mas que tem em Otaviano seu verdadeiro autor, condenou os envolvidos na conjuração contra César. A derrota militar dos conjurados significou a predominância do herdeiro de César no cenário político romano.

O Senado passou então por uma transformação, aceitando sua função como órgão de governo dependente dos novos donos do poder. Otaviano conseguiu que esta aristocracia, perdida a esperança de uma restauração republicana, o apoiasse. Após o rompimento entre Marco Antônio e Otaviano, na época da batalha de Ácio, de um milhar de senadores existentes, setecentos aderiram a ele: "Dos que combateram sob minhas insígnias, mais de setecentos foram senadores; e destes, oitenta e três foram eleitos cônsules, antes ou depois, até o dia em que foram escritas estas; e cento e setenta, aproximadamente, foram sacerdotes" (R.G. V, 25).

A aristocracia senatorial tornou-se um dos fundamentos sociais do novo sistema. As magistraturas da República continuam existindo, mas houve uma desvalorização de sua efetiva importância. O Senado ratifica passivamente os atos imperiais, emprestando-lhes legalidade; foi se transformando no "partido" de um príncipe e no seu instrumento político. Augusto é o *princeps senatus*: "Fui príncipe do senado durante quarenta anos, até o dia em que escrevi isto" (R.G. I, 7). O sentido de príncipe é o de "aquele que ocupa o primeiro lugar" entre os senadores.

Em 27 a.C. ocorre a famosa sessão dos idos de janeiro, quando no dia 13 se encerrou o ciclo iniciado nos idos de março de 44 a.C., com o assassinato de César. O Senado apresenta sua submissão incondicional ao Príncipe, reconhecendo o poder do filho adotivo de César; em seguida, no dia 16, concede a Otaviano o título de "Augusto", com um valor honorífico extraído da esfera religiosa.

A política de Otaviano após a ruptura com Marco Antônio foi a de procurar um acordo com a nobreza tradicional, que terá seu lugar privilegiado no império. A ordem senatorial e a sua parte mais elevada, a nobreza, foi a que mais se transformou[9]. Com o principado ela não perdeu o poder político nem a sua posição social de proeminência, mas a sua composição mudou. As proscrições dos triúnviros haviam atingido as

---

[9] De Martino, *op. cit.*, p. 37 e ss.

104 História e retórica

famílias mais poderosas e mais ricas. As vítimas foram escolhidas na classe mais elevada da sociedade, incluindo senadores, cavaleiros e mesmo ricas famílias das cidades itálicas. No lugar dos que desapareceram ou perderam sua posição social, uma grande quantidade de "homens-novos" foi elevada aos altos cargos, passando a fazer parte da *nobilitas*. A maior parte dos que chegaram ao consulado após 44 a.c. eram oriundos de famílias totalmente desconhecidas até então; mas a velha nobreza não foi destruída sistematicamente; várias sobreviveram e apesar de terem apoiado os republicanos vencidos, encontraram meios de cair nas boas graças do novo senhor do poder. O casamento de Otaviano com Lívia, da gens Cláudia, da antiga aristocracia republicana, é mais um indício de sua busca para conciliar o apoio da *nobilitas* sobrevivente.

Há, portanto, uma alteração entre o comportamento de Otaviano triúnviro e Augusto imperador. Nas *Res Gestae* transparece a sua posição numa fase em que o seu poder já estava consolidado e ele podia permitir-se agir com clemência.

Durante a guerra civil não existiu o objetivo de atacar a *nobilitas* em favor de um poder democrático da plebe ou dos cavaleiros. A estrutura da sociedade não foi alterada desta forma; a composição interna dos grupos sociais é que se alterou; ao lado de grandes famílias antigas da aristocracia colocaram-se novos nomes, mas a nobreza em si foi conservada com privilégios, riqueza e sinais exteriores de prestígio inalterados. A nobreza, tanto aquela descendente de velhas famílias tradicionais, quanto aquela de origem recente, apoiou o príncipe, desde que no novo regime ela permanecesse como a classe mais alta, mais rica e poderosa da sociedade.

A composição do Senado foi sendo remodelada; aos poucos, novos elementos foram introduzidos pelo imperador por meio do seu direito de rever o álbum com os nomes dos senadores; Augusto afirma: "Três vezes fiz a revisão das listas dos senadores" (R.G. III, 8). Inicialmente apegado à tradição, com alta porcentagem de patrícios, ocorreu uma "italianização" progressiva do Senado. Formou-se uma nova classe dirigente pela sua composição, organizada numa carreira que passava pelos cargos republicanos; era uma elite dirigente a serviço do Príncipe, que fornecia o pessoal administrativo necessário para preencher as antigas magistraturas, para que o imperador pudesse indicar os governadores das províncias imperiais e os comandantes do exército. Progredir na carreira senatorial dependia, em última instância, do favor que o indivíduo desfrutava junto ao imperador. Os senadores continuarão até o final do Império a personificar a tradição da República; ao mesmo tempo dão legitimidade e autoridade ao Príncipe.

Nesse período a cidade de Roma possuía uma população estimada em cerca de um milhão de habitantes. Apenas uma minoria, alguns milhares de pessoas, pertencia à nobreza e aos *equites*. Mas isto não significa que o restante fosse apenas um sub-proletariado, um *lumpen* corrompido, vivendo às custas do Estado. Boa parte da plebe urbana era formada por homens livres, artesãos e trabalhadores, que viviam de várias atividades econômicas, pois nem todo o trabalho era realizado por mão-de-obra escrava. É claro que já na República, inclusive na época de César, grande número de cidadãos recebia trigo do Estado. As frumentações, inicialmente distribuições de trigo a preço político e depois trigo grátis, eram fortemente rejeitadas pelos *optimates* e descritas por Cícero como causa de ócio e vícios da plebe da capital, que de fato se mostrava disposta a apoiar este ou aquele político em troca de favores e recompensas. Assim se explica a popularidade de César e depois a de Otaviano.

Os cesaricidas sem dúvida sabiam que César gozava de enorme popularidade entre a plebe urbana. Bruto e Cássio, por sua vez, eram os representantes dos "*optimates*", de uma aristocracia que sempre se posicionara, desde a época dos Graco, contra a política dos "*populares*" de distribuição de trigo e de terra.

Logo após o assassinato de César, a plebe urbana de Roma foi levada a um sentimento de vingança e participou de modo violento no episódio dos funerais, que se transformaram numa verdadeira manifestação popular contra os cesaricidas. Este fato sem dúvida teve o efeito de alterar naquele momento o rumo dos acontecimentos a favor de Antônio e do herdeiro de César.

Otaviano aproveitou os sentimentos da massa urbana em relação à memória de César, procurando por vários atos conquistar o seu apoio.

106 História e retórica

Começou por pagar os legados de César com seus próprios recursos. Durante a guerra civil a plebe apoiou Otaviano, no qual via o herdeiro de César e o defensor dos privilégios da plebe romana, o homem que executou o testamento de César. Para a plebe, a "*libertas*", tão prezada pela aristocracia da República, não se identificava mais com os seus interesses imediatos. Os líderes "*populares*", no entanto, não tinham mais um programa de reivindicações, como fora o gracano; agora lutavam, sobretudo, pelo poder pessoal.

Toda a política de Augusto em relação à plebe foi no sentido de conter a possível agitação popular, eliminar a violência e a desordem que havia caracterizado os anos finais do período da República, atuando como restaurador da ordem. A plebe urbana não constituirá a principal base social do novo regime augustano. Por outro lado, o imperador nunca deixou de preocupar-se com ela, pois manter a plebe da capital tranqüila sempre foi, como deve ter intuído logo, de fundamental importância para a segurança da capital e da sua própria.

Nas *Res Gestae* Augusto afirma ter distribuído várias doações em dinheiro à plebe romana e ter adquirido às suas custas o trigo para doze frumentações. "À plebe romana distribui trezentos sestércios por pessoa, cumprindo o testamento de meu pai e acrescentei em meu nome quatrocentos sestércios, tirando-os da presa de guerra"; "fiz doze distribuições de trigo com grãos comprados às minhas custas"; "estas distribuições foram feitas, cada vez, a não menos de duzentos e cinqüenta mil homens" (R.G. III, 15). Em outra ocasião, o número dos contemplados com distribuições em dinheiro chegou a trezentas e vinte mil pessoas da plebe urbana.

A situação econômica e as condições de vida da parte mais pobre da população da cidade de Roma continuaram precárias, mas no principado houve uma relativa melhora. Claro que não era toda a população que era desempregada, mas também é evidente que havia um número grande de cidadãos no limite da sobrevivência, o que era suficiente para provocar desordens. Para participar das *frumentationes* era condição necessária ser cidadão romano, com domicílio na cidade de Roma. Portanto, nem todos eram beneficiados; daí a adoção de outras medidas.

Um amplo programa de obras públicas, dirigido por Agripa, foi iniciado já em 33 a.c., transformando a cidade com construções monumentais. Era uma forma de proporcionar ocupação a um certo número de pessoas. Acrescentem-se a isto os espetáculos e jogos e teremos um estilo de governo que perdurará por séculos. Augusto arrola extensamente nas *Res Gestae*, nos caps. IV, 19, 20 e 21 as suas realizações nesta área. Os seus sucessores farão o mesmo; nas fontes romanas, os imperadores classificados como "bons imperadores" terão sempre uma longa lista de construções para exibir, como Trajano e Adriano, por exemplo. Após listar os novos templos construídos, o fórum, a restauração do Capitólio, do teatro de Marcelo e de oitenta e dois templos em Roma, Augusto menciona as melhorias no abastecimento de água de Roma, com consertos nos aquedutos; a construção de seu fórum, com o templo de Marte Vingador, é citada em R.G. IV, 21.

Os habitantes da cidade de Roma formavam uma massa heterogênea, pois além dos cidadãos é preciso lembrar que existiam os escravos, os homens livres sem cidadania, o que aumentava a falta de unidade. Assim, a plebe urbana formava uma massa incapaz de apresentar um programa de reivindicações coerente. Ela se transformou na clientela do Príncipe, sem efetiva importância econômica ou política. As assembléias populares perderam a importância com o advento do Império e em breve deixarão de ser convocadas. A plebe perdeu a força política real, mas obtém um tratamento privilegiado na condição de cidadãos da capital do mundo. A plebe será controlada por uma política "paternalista" ou demagógica; ela fora um instrumento útil durante a fase de luta contra os conjurados cesaricidas, mas no principado será controlada por meio de uma política de distribuições, decaindo para uma situação que Juvenal (Sat. X, 81) mais tarde descreveu com a famosa expressão: "*panem et circenses*". Odiada e desprezada pela elite, mas ao mesmo tempo cortejada; formou-se uma espécie de pacto: o príncipe garante sua popularidade em troca de benefícios materiais concedidos à população urbana de Roma.

Em R.G. IV, 22-23 ele arrola as realizações de seu governo ao oferecer jogos gladiatórios: "nesses jogos lutaram quase dez mil homens" (R.G.

108 História e retórica

IV, 22). Espetáculos de gêneros variados são mencionados: "vinte e seis vezes ofereci ao povo no circo ou no foro ou no anfiteatro caças de feras africanas; e durante estes espetáculos foram mortas três mil e quinhentas feras" (R.G. IV, 22). São relembrados a celebração dos jogos seculares (R.G. IV, 22) e o espetáculo de combate naval com a participação de cerca de três mil homens (R.G. IV, 23).

A maior preocupação de Otaviano, no entanto, foi com os veteranos. As reivindicações deles eram as mais urgentes e precisavam ser atendidas para que ele não perdesse seu apoio, decisivo para a luta pelo poder. Para resolver o problema havia duas formas, que na verdade constituíam a mesma solução: fundar colônias para assentá-los ou assignar-lhes terras.

A questão agrária na época de Tibério e Caio Graco adquirira uma posição prioritária; mas nos anos seguintes foi abandonada a idéia de recuperar o *ager publicus* para fins de redistribuir as terras públicas para os cidadãos sem-terra. A proposta se reduzira a atender as reivindicações dos veteranos; para tanto, passaram a usar terras de determinados municípios itálicos, tomando as que pertenciam tanto a grandes proprietários da aristocracia quanto a médios e até pequenos proprietários. O problema para os comandantes era instalar um número muito grande de veteranos, que haviam sido licenciados das legiões após a vitória.

O exército na fase final da República tornou-se clientela de um determinado general, em lugar de ser o exército do Estado. Com Mário, desde o final do século II a.C., havia se concretizado a mudança: as legiões assumiram o caráter de serem formadas por cidadãos proletários e de estarem ligadas aos seus comandantes, antes do que ao Senado. Mas as legiões não se limitam a apoiar politicamente o seu comandante: esse apoio é condicionado pelo atendimento de suas reivindicações. A principal delas é a distribuição de terra. Oriundos do meio rural, ao deixarem o serviço militar os veteranos esperam uma recompensa em terras ou em dinheiro para que possam adquiri-las. É um grupo social consciente da própria força, e que teve o papel mais importante como base do poder de Augusto.

A manifestação da multidão nas ruas de Roma nos funerais de César foi muito mais perigosa devido a presença dos seus veteranos no meio da plebe; eles forçaram o Senado a validar as disposições de César em seu favor. O Senado ofereceu o consulado a Otaviano, que ainda não tinha nem vinte anos, por pressão deles. Quando Otaviano se tornou o único comandante por meio da força de suas legiões, ele não podia ignorá-las. Os cidadãos pequenos e médios proprietários que haviam perdido suas terras e que formavam as legiões não eram mercenários; inserem-se na luta política e obrigam seus comandantes, saídos da aristocracia, a atenderem suas reivindicações. Mário, Sila, César, todos eles os atenderam com distribuição de terras e assentamento em colônias. Augusto fará o mesmo. Isto garante a adesão ao regime. O soldado profissional romano, uma vez recebida a terra, transforma-se em sólido elemento conservador do sistema.

Em R.G. I, 3 Augusto coloca claramente: "Sob meus estandartes militaram quinhentos mil cidadãos romanos, aproximadamente: destes, mais de trezentos mil mandei às colônias ou devolvi aos seus municípios, depois de terem completado o serviço; e a todos dei terras ou dinheiro como prêmio do serviço prestado." Augusto em 30 a.C. assenta veteranos em novas colônias militares. Encontramos em R.G. III, 16:

> Dei dinheiro aos municípios em compensação pelas terras que [...] tinha destinado aos soldados: foi de seiscentos milhões de sestércios aproximadamente a quantia que eu paguei pelas terras itálicas e mais ou menos de duzentos e sessenta milhões pelas terras provinciais. Eu fui o primeiro e único que fez tudo isso, e para que fosse lembrado como um fato do meu tempo, entre quantos fundaram colônias de soldados na Itália ou nas províncias.

Em 29 a.C. outra ação visa garantir a lealdade dos veteranos: "Às colônias dos meus soldados, distribuí mil moedas para cada um, tirando a quantia da presa de guerra: este presente triunfal foi recebido nas colônias por cento e vinte mil homens, aproximadamente" (R.G. III, 15).

A criação de uma caixa especial para o pagamento da "aposentadoria" do pessoal militar é também registrada: "Dei cento e setenta milhões do meu patrimônio pessoal ao erário militar, que foi instituído por meu conselho, a fim de que fossem dados prêmios aos soldados que tivessem prestado serviço militar durante vinte ou mais anos" (R.G. III, 17).

110   História e retórica

Augusto, além de instalar os ex-soldados na Itália, deu impulso à política, que já existia desde Mário, de encaminhar os veteranos para colônias fundadas fora da Península: "fundei colônias militares na África, na Sicília, em ambas as Hispânias, na Acaia, na Ásia, na Síria, na Gália Narbonense, na Pisídia. A Itália possui vinte e oito colônias fundadas por minha vontade que foram, durante minha vida, muito povoadas e prósperas" (R.G. V, 28).

Para os ex-soldados significa o ingresso na vida social dos municípios aonde irão se instalar, com uma significativa elevação do nível social adquirido no exército. Como clientela pessoal do Príncipe, a lealdade das tropas é fundamental para a sua permanência no poder. Esse exército profissional foi transformado por Augusto em exército defensivo guarnecendo as fronteiras; a carreira militar torna-se uma via de ascensão à ordem eqüestre; talvez a metade dos novos cavaleiros fosse proveniente das fileiras do exército.

O legionário tendia, no final do serviço, a permanecer no lugar onde passara a vida; isso facilitou a provincialização das tropas e a difusão do "modo de vida romano" nessas áreas do império; o poder pessoal do príncipe baseava-se no exército, mas este não constituía uma casta militar à parte da sociedade; durante o principado, teve um papel de integração e de facilitador da ascensão social não apenas de cidadãos romanos, mas também de elementos provinciais que ao terminar a *militia* recebiam a cidadania romana como recompensa.

O novo regime foi especialmente proveitoso para a ordem dos cavaleiros. Ela será destinada a fornecer os quadros da nova burocracia e administração imperial; estes quadros administrativos, criados pelo imperador, ficaram sob seu controle direto.

Os cavaleiros, desde a época gracana, haviam se tornado cada vez mais influentes. Durante as guerras civis procuraram principalmente colocar em segurança a sua vida e os seus bens, embora nem sempre com bons resultados. Mantendo um perfil discreto, nunca se organizaram politicamente nem apresentaram um programa, embora sua influência se fizesse sentir, pois os comandantes militares precisavam de apoio financeiro de ricos cavaleiros e este apoio não era dado sem contrapartida, pois os riscos eram imensos. Alguns conseguiram entender-se com ambas as facções em oposição. Desde César, a tendência da administração romana foi a de alterar o sistema de cobrança de impostos nas províncias, abolindo o sistema de exploração dos contribuintes provinciais pelas sociedades de publicanos, que arrematavam os contratos públicos de arrecadação; isto tirou dos cavaleiros uma das maiores fontes de ganho. Mas a nova situação econômica proporcionava também novas oportunidades no comércio, na especulação, em atividades bancárias e em investimentos. Embora os cavaleiros investissem também na agricultura, eles se beneficiavam de novos campos não ligados apenas à propriedade fundiária.

A maioria dos cavaleiros procurou se abster de apoiar os senadores por ocasião do assassinato de César; não queriam uma participação direta na luta política; mesmo assim não ficaram a salvo das proscrições de Otaviano e Antônio, o que em parte foi a necessidade de levantamento de fundos por meio do confisco de bens, o qual atingiu os cidadãos mais ricos.

A partir de 36 a.C. Otaviano empreende uma política concreta a favor dos homens de negócios, como o cancelamento dos tributos atrasados, que não tinham sido pagos em uma época de desordens; os débitos das sociedades de publicanos ao Estado e outras dívidas ao Estado também foram cancelados.

A ordem eqüestre na fase final da República disputava espaço para obter mais prestígio social e maior liberdade para desenvolver seus negócios; assim, muitos conflitos surgiram entre cavaleiros e senadores, mas os cavaleiros nunca propuseram a derrubada da aristocracia senatorial. Interessava a eles novas oportunidades de lucro, como, por exemplo, financiar a guerra de Otaviano contra Marco Antônio.

Os cavaleiros optam por apoiá-lo, pois afinal era também de origem eqüestre. Além disso, o fato de Antônio controlar a parte oriental do império colocava esta área fora do campo de ação dos negociantes itálicos.

Os cavaleiros não se opuseram a mudanças nas instituições. Os maiores amigos de Otaviano foram cavaleiros, como Agripa, que foi o seu braço direito durante as campanhas militares e mais tarde na administração

112 História e retórica

da cidade de Roma. Outros cavaleiros que dispensam comentários foram Mecenas e homens de letras, como Vergílio, Horácio e Ovídio.

Augusto refere-se nas *Res Gestae* às homenagens prestadas pelos cavaleiros, junto com o Senado, aos seus filhos adotivos, os netos Gaio e Lúcio César, que foram proclamados "príncipes da juventude" por eles: "todos os cavaleiros romanos os presentearam com escudos e lanças" (R.G. III, 14). No capítulo final, em R.G. VI, 35, ele recorda: "o Senado, a ordem eqüestre e todo o povo romano me aclamaram pai da pátria".

No principado não se abriram grandes perspectivas de exploração das províncias para os cavaleiros; no entanto, se para os senadores foi reservada uma carreira formada pelas antigas magistraturas tradicionais republicanas, para os cavaleiros será criado um outro tipo de carreira, dentro de novos cargos criados no império, como procuradores e prefeitos. A contribuição dos cavaleiros será em funções técnicas de administração, necessárias para o governo imperial. No império, os cavaleiros mais ambiciosos poderão chegar às grandes prefeituras que representavam o ápice da carreira eqüestre: o prefeito do pretório, o da anona e o do Egito serão os mais elevados cargos que poderiam atingir. Os cavaleiros mais bem sucedidos poderão mesmo deixar a ordem eqüestre e ascender ao Senado. Boa parte de senadores será oriunda de famílias eqüestres.

A Itália intuía que a vitória de Otaviano sobre Antônio e Cleópatra significaria o seu predomínio sobre as províncias do Oriente. Ela viria a assumir a posição de principal área dentro do império; este fato é exaltado inclusive na literatura, pela *Eneida* de Virgílio. Se a cidade de Roma é o centro privilegiado do império, a Itália tornou-se uma área também privilegiada, cuja administração inclusive não era de tipo provincial.

Socialmente ocorreu uma progressiva inclusão da elite municipal itálica na ordem senatorial, ou seja, o Senado foi se "italianizando" mediante a promoção destes elementos ao nível senatorial. Em R.G. II, 10, Augusto afirma que "veio de cada região da Itália aos meus comícios uma multidão tão grande que, dizem, nunca foi vista antes em Roma". Em 29 a.C. devolveu aos municípios e colônias da Itália o imposto chamado de "ouro coronário", oferecido em razão de seus triunfos; também nas vezes em que recebeu aclamações imperiais, recusou novamente o ouro coronário oferecido (R.G. IV, 21). Outras medidas favoráveis, que beneficiaram a região e consolidaram esse apoio, foram tomadas, como a restauração da via Flamínia (R.G. IV, 20) e o pagamento de indenização pelas terras usadas para fundação de colônias militares na Itália.

A vitória de Augusto trouxe uma melhoria das condições econômicas, com a estabilidade e ordem. Um relevo da *Ara Pacis* enfatiza esse aspecto; em um dos quadros, na figura da Paz (ou, segundo outros, da Terra) aparece uma cena de fartura, com uma mulher e duas crianças cercadas de animais e plantas, transmitindo um significado eloqüente dos benefícios da "nova era" iniciada por Augusto.

A propaganda oficial afirma a adesão unânime da Itália a Otaviano; nas *Res Gestae* Augusto refere-se ao apoio que recebeu contra Marco Antônio: "A Itália toda, espontaneamente, jurou-me fidelidade e quis-me como chefe da guerra, no fim da qual venci em Ácio" (R.G. V, 25). Esse juramento é importante como base do poder pessoal do Príncipe, mostrando que a supremacia passou das mãos do Senado para as do Príncipe.

A base escravista da sociedade romana não foi colocada em discussão durante a luta pelo poder na fase final da República. A sociedade romana da República tardia era escravista e esse aspecto permaneceu inalterado com o advento do Império. Durante a guerra civil os escravos chegaram a ser utilizados na luta pelos adversários, com a promessa de liberdade. Durante as proscrições, chegou-se a prometer aos escravos que denunciassem os seus proprietários não apenas uma recompensa em dinheiro, mas até a liberdade com cidadania. Sexto Pompeu empregou em sua frota escravos, que cada vez em maior número fugiam de seus proprietários, aproveitando as desordens. Estes fatos, mais o medo dos proprietários de que ocorressem novas revoltas servis, cuja lembrança permanecia presente, levou Augusto a assumir uma política conservadora em relação aos escravos. Ele afirma: "prendi mais ou menos trinta mil escravos que fugiram de seus donos e tinham empunhado as armas contra o Estado; e os entreguei aos donos para que fossem por eles punidos (*ad supplicium sumendum*)" (R.G. V, 25). Isto demonstra como a política do jovem Otaviano foi a de restauração da ordem e

114   História e retórica

das bases tradicionais; demonstra também o seu respeito pelo direito de propriedade dos senhores de escravos, ao confiar a eles a punição dos fugitivos. No império ocorreu a consolidação da exploração escravista; os levantes em massa de escravos desapareceram.

O imperialismo romano na República significara para os provinciais uma exploração impiedosa; o império traria uma organização na qual direitos dos provinciais receberam maior atenção. Cada setor da administração pública passou para os cuidados da administração direta do Estado. Roma seguiu uma política de integração das classes dirigentes provinciais espalhadas pelo território do Império, o que foi uma inteligente forma de consolidar o seu domínio. A concepção de cidade-Estado foi superada e ao longo dos governos dos sucessores de Augusto estruturou-se um quadro administrativo para o império todo, processo este delineado em suas diretrizes por Augusto.

A conquista e anexação das províncias haviam trazido para a República romana a crise e a necessidade de transformar as instituições políticas não mais adequadas à administração de um império mundial. O período imperial significou a consolidação do sistema de domínio romano: cidadãos romanos e itálicos instalados nas províncias formam, junto com a elite nativa local, os grupos dirigentes municipais nas províncias, beneficiários do sistema e importante elemento de conservação do regime. O governo central de Roma apoiava estas elites locais, concedendo-lhes direitos políticos. Ao longo dos governos dos sucessores de Augusto o Senado, após se "italianizar", foi se "provincializando", com a ascensão de elementos destas elites municipais. O mesmo fenômeno social já ocorrera anteriormente com a ordem dos cavaleiros.

Na República competia ao Senado receber as embaixadas vindas a Roma e tomar decisões referentes aos assuntos de política externa (Políbio, *Hist.*, VI, 13). Percebe-se que esta passou para o controle do Príncipe, que enumera as populações que lhe enviaram embaixadas e as áreas que submeteu "ao domínio do povo romano" (R.G., 29-33).

Augusto refere-se a si próprio como "*me principe*" (R.G. VI, 32) e nos capítulos finais encontramos:

> Durante o meu sexto e sétimo consulado depois de ter feito acabar as guerras civis, tendo assumido o poder supremo por consenso universal, transferi o governo da república, passando-o da minha pessoa às mãos do Senado e do povo romano. Em compensação de tudo isso, por decreto do Senado, foi-me conferido o título de Augusto... (R.G. VI, 34).

Em uma passagem, logo em seguida, ele completa: "desde então fui superior a todos por autoridade, mas não tive poder maior do que tiveram aqueles que foram meus colegas em cada magistratura". É um primor de concisão: Augusto resume aqui a idéia do poder imperial tal como ele deseja que seja visto.

A passagem da República para o Império não trouxe uma mudança no sistema de produção; dentro da sociedade, a ordem senatorial continuou a ocupar o mais alto nível. A clivagem entre homens livres e escravos foi mantida intacta. A sociedade romana manteve sua complexa divisão, na qual vigoravam não apenas os critérios econômicos, mas na qual o *status* jurídico do indivíduo também contava.

Não estamos idealizando as condições do império; a exploração dos grupos sociais mais baixos prosseguiu e as contradições sociais persistiram. A grande maioria da população permaneceu excluída da vida política e a base escravista da economia perdurou.

As bases sociais do regime augustano eram sólidas, mas Augusto não descuidou nunca dos aspectos propagandísticos, nem da criação de idealizações destinadas a perdurar. O apoio recebido dos diversos grupos sociais foi consolidado pela difusão de certos aspectos de seu governo. A *Pax Augusta* foi um dos temas mais explorados como fundamento do consenso social. O fechamento do templo de Jano é celebrado em R.G. II, 13:

> Três vezes, enquanto eu era príncipe, o Senado mandou fechar o templo de Jano Quirino: os nossos antepassados quiseram fechar esse templo quando em todo o império do povo romano se tivesse conseguido com vitórias a paz em terra e no mar. Lembra-se que antes do meu nascimento e desde a fundação de Roma, o templo foi fechado só duas vezes.

116 História e retórica

Em R.G. II, 12, ele registra: "o Senado decretou que fosse consagrado pela minha volta o altar da Paz Augusta no Campo de Marte". Estes são fundamentos ideológicos que fortalecem o poder pessoal da figura construída por Augusto.

Os conflitos sociais que haviam eclodido no final do século II a.C. receberam um encaminhamento diferente do pretendido pelos Graco e por tribunos da plebe "populares". A concentração da propriedade das terras prosseguiu como antes. A *libertas* tão cara aos aristocratas republicanos tornou-se uma lembrança cultivada pelos senadores, mas apenas isto. O regime de Augusto não foi construído sobre o modelo das monarquias helenísticas, mas reelaborou as instituições republicanas romanas, combinadas a inovações, que iriam receber, ao longo do governo de seus sucessores, os acréscimos necessários adequados ao governo de um império.

Referências bibliográficas

BRUNT, P. A. "The equites in the late republic". In: Deuxième Conférence Internationale d'Histoire Économique, 1962, Aix-en-Provence. Paris/La Haye: Mouton, 1965. v.1, p. 117-137.

_____. "The Roman mob". In: FINLEY, M. I. (Ed.) Studies in Ancient society. London: Routledge and Kegan Paul, 1978. p. 74-102.

COARELLI, F. Roma. Milano: Arnoldo Mondadori, 1994.

DE MARTINO, Francesco. Storia della costituzione romana. Napoli: Eugenio Jovene, 1974. v. 4,1.

ÉTIENNE, Robert. Le siècle d'Auguste. Paris: Armand Colin, 1970.

FRASCHETTI, A. Augusto. Roma: Laterza, 1998.

POLVERINI, Leandro. "L'aspetto sociale del passaggio dalla repubblica al principato". Aevum, Milano, Università Cattolica del Sacro Cuore, n. 38, fasc. 3-4, p. 241-285, magg.-ag. 1964; n. 38, fasc. 5-6, p. 439-467, sett.-dic. 1964; n. 39, fasc. 1-2, p. 1-24, genn.-apr. 1965.

RES GESTAE DIVI AVGVSTI ex monumentis Ancyrano et Antiocheno Latinis Ancyrano et Apolloniensi Graecis. Texte établi et commenté par Jean Gagé. Paris: Les Belles Lettres, 1935.

RES GESTAE DIVI AVGVSTI with an English translation by Frederick W. Shipley. Cambridge (Mass.)/London: Harvard University Press; William Heinemann, 1979. (The Loeb Classical Library, 152)

RES GESTAE DIVI AVGVSTI. Texto latino com tradução e comentário por G. D. Leoni. São Paulo: Nobel, 1957.

Historiografia helenística em roupagem judaica: Flávio Josefo, história e teologia

Vicente Dobroruka

Seria supérfluo repetir aqui, à guisa de introdução, todo o percurso biográfico do historiador judeu helenizado Flávio Josefo: ademais existem introduções acessíveis e de grande qualidade ao alcance do público[1]. Por outro lado, como Josefo não é, nos dias de hoje, tão conhecido como outros autores clássicos (pensemos em Heródoto ou Tucídides), um breve esboço faz-se necessário.

José ben Matias deve ter nascido entre 34-35 d.C., de família nobre por parte da mãe e sacerdotal por parte de pai, como ele mesmo nos conta em sua *Autobiografia*[2]: "Não apenas meus ancestrais eram sacerdotes [...] por parte de mãe tenho sangue real [...]" (V 1).

Embora não tenha sido o primeiro autor a fornecer dados autobiográficos, Josefo foi o primeiro a nos legar uma obra completa que tem

---

[1] Cf. especialmente Tessa Rajak, *Josephus*, London, Duckworth, 1983, para uma introdução mais especializada, e Mireille Hadas-Lebel, *Flávio Josefo, O Judeu de Roma*, Rio de Janeiro, Imago, 1991, para uma apresentação geral mais simples.

[2] Por comodidade, adotarei as seguintes siglas para as obras de Josefo: V para a *Autobiografia*; BJ para a Guerra dos Judeus; AJ para as *Antiguidades Judaicas* e CA para o *Contra Apião*. As citações da obra de Josefo foram retiradas da edição da Loeb Classical Library; uma nova tradução de Josefo está sendo publicada pela Brill e realizada por equipe chefiada por Steve Mason, York University, Toronto. As demais referências e citações de autores clássicos foram também retiradas das edições da Loeb Classical Library.

120   História e retórica

por tema a própria vida de quem a escreveu[3]. Pelos padrões atuais a autobiografia de Josefo seria considerada maçante e desigualmente proporcionada (a maior parte do texto trata de seu comando na Galiléia, durante os estágios iniciais da revolta de 67), mas é uma fonte excelente para se obter informações sobre o historiador.

Os eventos mais marcantes na formação de Josefo são, em meu entender: seu treinamento com um asceta do deserto chamado Bannus, durante o qual ele pôde tomar contato mais próximo com variedades ascéticas do judaísmo[4] e sua visita a Roma antes da guerra. Depois desses, seguem-se em importância o comando na Galiléia (tema principal da *Autobiografia*); e daí para frente Josefo deixa de ser ator dos eventos que descreve, e passa a espectador privilegiado, amigo da dinastia reinante em Roma (os Flávios, por quem foi adotado — daí o nome meio romano e meio judeu) e utilizando o lazer permanente para redigir textos que buscassem explicar o universo judaico e sua trajetória pessoal ao público letrado pagão. Nisso Josefo foi singularmente mal-sucedido, pois sua obra foi preservada não pelo público que tinha em mente, mas pelos cristãos primitivos, por razões que serão vistas adiante.

Josefo sobreviveu a Domiciano e deve ter falecido durante o reinado de Trajano, na segunda década do século II, portanto. Eusébio in-

---

[3] Deve-se observar que a autobiografia não era reconhecida como gênero autônomo na Antigüidade: cf. Georg Misch, *A History of Autobiography in Antiquity*, London, Routledge and Kegan Paul, 1950, vol.1, p. 5 e Arnaldo Momigliano, *The Development of Greek Biography*, Massachusetts, Harvard University Press, 1970, p. 14.

[4] Sobre a experiência de Josefo no deserto já se escreveu muita coisa que não tem como ser confirmada e possivelmente não tem fundamento. Uma das teorias faz Bannus parecer-se com João Batista: outros querem ver nele a fonte para o conhecimento que Josefo alega ter dos essênios (o que implica outro erro grave, o de supor que a comunidade responsável pelos chamados Manuscritos do Mar Morto seja idêntica aos essênios descritos por Josefo; cf. AJ 18.19). Como tanta coisa na obra de Josefo e na historiografia antiga, provavelmente estamos aqui diante de *topoi* literários que encerram algo de verdadeiro e de conhecimento em primeira mão, mas que devem ser lidos com cautela. Além de tudo isso, interessante como é, o personagem Flávio Josefo é notório por sua presunção e vanglória, o que coloca seus depoimentos sob suspeitas ainda mais fortes.

forma que, além de suas obras constarem do acervo público em Roma, o próprio Josefo foi homenageado com uma estátua na cidade. Do "imbróglio" pessoal que levou o historiador a desertar para o campo romano falarei mais abaixo, de vez que é episódio singularmente importante para o entendimento de sua concepção de história. Este artigo concentra-se em dois eixos para o entendimento de Josefo — de um lado, sua atividade propriamente historiográfica, i.e., o registro e interpretação de eventos e de outro a essência que anima o próprio fluxo histórico, segundo a sua obra. Por comodidade chamarei o primeiro de "histórico" e o segundo de "metahistórico", sabendo que não é possível uma separação absoluta entre ambos, em Josefo ou em qualquer outro historiador.

Como historiador Josefo dedicou-se, *grosso modo*, ao estudo e narrativa da história dos judeus, num primeiro momento relativa aos eventos ligados à guerra de 70, depois estendendo sua análise a toda a história judaica que, em seus próprios termos, retrocede logicamente até a criação do mundo. Josefo trata da guerra contra Roma em *Bellum Judaicum* (7 livros) e dos eventos que lhe são anteriores em *Antiguidades Judaicas* (20 livros). A *Autobiografia*, embora contenha muita informação histórica útil, não é trabalho historiográfico no mesmo sentido que as outras duas, nem o é o tratado *Contra Apião* (importante também por preservar referências e citações de um sem-número de autores que, em muitos casos, só conhecemos pela citação do próprio Josefo).

A história dos judeus segundo Josefo, torna-se um tipo de história universal, não pela abrangência geográfica de eventos interligados, como diria Políbio (*Histórias* 1.4; 9.1) nem pela exaustão cronológica (como pretende Éforo), mas pelo fato de a história do povo eleito principiar com a criação do mundo e ligar-se cada vez mais intimamente aos eventos ocorridos no resto do mundo após o Exílio (i.e., livros 11-20 das AJ). Cabe lembrar que Josefo não foi o primeiro autor próximo do judaísmo a realizar uma história universal — antes dele o pagão Nicolau de Damasco escrevera uma em 144 volumes, hoje praticamente toda perdida mas que deve ter servido de fonte para Josefo,

122 História e retórica

especialmente no que respeita à narrativa sobre as dinastias asmonéia e herodiana[5].

Em termos de método, Josefo segue o modelo consagrado no mundo antigo que foi Tucídides[6]. Isto significa dizer que, como Tucídides, Josefo também busca as causas "verdadeiras" por trás da superficialidade dos eventos[7]. O caráter de autópsia da investigação de Josefo, no entanto, é menos manifesto do que em Tucídides. Na verdade, após a captura do próprio Josefo na cidade de Jotapata (BJ 3.289-392) temos poucas indicações de como ele obteve suas informações. Isto é especialmente claro no que se refere às condições de vida em Jerusalém durante o cerco romano (BJ 5.424-438; 571; 6.193-213), e ainda mais notável quando Josefo trata do cerco de Masada, a última fortaleza rebelde a ser tomada pelos romanos (BJ 7.274-406).

Todavia, a emulação de Tucídides por Josefo esbarra num problema crucial — as origens culturais distintas de ambos tornam o entendimento da "essência" dos eventos e processos descritos bem diferentes. Na perspectiva grega, e ainda seguindo o modelo hipocrático para o entendimento da história, a falência do tecido político da cidade tal como descrita em Tucídides é conseqüência de um desequilíbrio interno, semelhante às doenças que afligem o corpo. Inversamente, o entendimento judaico da dissensão civil assemelha-se ao de sua correspondente noção de medicina, sendo as afecções da sociedade e do corpo vistas como punição divina dos pecados[8].

---

[5] Os fragmentos de Nicolau encontram-se em Felix Jacoby (ed.), *Die Fragmente der griechischen Historiker* (FrGrH 90T13), 12 volumes, Leiden, Brill, 1923. Cf. também Ben Zion Wacholder. *Nicolaus of Damascus*, Berkeley/Los Angeles, University of California Press, 1962 e Michael Grant, *The Ancient Historians*, New York, Charles Scribner's Sons, 1970.

[6] Heródoto é dispensado como universalmente criticado, numa passagem em que Josefo alega não estar sozinho na acusação: cf. CA 1.16.

[7] Arnaldo Momigliano, "History between Medicine and Rhetoric", em *Ottavo contributo alla storia degli studi classici e de mondo antico*, Roma, Edizioni di storia e letteratura, 1987, pp. 14-15; Martin Goodman. *A Classe Dirigente da Judéia*. As Origens da Revolta Judaica contra Roma, 66-70 d.C., Rio de Janeiro, Imago, 1994, pp. 108-109 e Grant, *op.cit.*, p.79.

[8] Cf. Goodman, *op.cit.*, p.109.

Historiografia helenística em roupagem judaica... 123

Tendo em vista essa divergência inicial, é de notar que Josefo copia de Tucídides o conceito de *stasis* como chave para o entendimento dos eventos que levam à guerra de 67 e ao desastre final judaico[9]. Cabe observar que Josefo faz uso canhestro (embora liberal) do termo, e em BJ a *stasis* é ao mesmo tempo entendida como gerada pelos próprios atores políticos judeus e como punição divina pelos pecados destes últimos, cuja natureza discutiremos abaixo.

Em Tucídides o termo *stasis* significa basicamente "sedição", "convulsão popular" ou, de modo menos correto, "guerra civil"[10]. Em Josefo, significa a ação maligna de um determinado grupo do tecido social hierosolimitano sobre uma população indefesa, enquanto em Tucídides o termo implica antes uma degeneração coletiva da *politeia*, análoga a uma doença que toma conta de todo o corpo[11]:

> Pois os líderes de facções nas várias cidades usavam, em cada lado, nomes atraentes — falando em "igualdade para todos sob a lei" e em "governo sábio e moderado pelos melhores", e enquanto lisonjeavam o interesse público, na verdade faziam dele o seu prêmio, e usando todos os meios procuravam tirar vantagem uns dos outros e perpetravam as piores atrocidades[12].

---

[9] Grande parte da discussão abaixo é um resumo de minhas idéias publicadas anteriormente em "Considerações sobre o Conceito de *Stasis* na Obra de Flávio Josefo", *Boletim* do CPA, 12, Campinas, IFCH-Unicamp, 2001, pp. 25-39; cf. também a obra de Louis Feldman. *Josephus's Interpretation of the Bible*, Berkeley, University of California Press, 1998.

[10] No Liddell-Scott médio (*An Intermediate Greek-English Lexicon, Founded Upon the Seventh Edition of Liddell and Scott's Greek-English Lexicon*, Oxford, Oxford University Press, 2001 [primeira edição 1889]), são dadas as seguintes definições: em sentido amplo e mais antigo no idioma, *stasis* significava "posição", "posição de quem está em pé". Por extensão passou a significar também "condição", "estado de conservação"; "grupo" ou "seita" de filósofos; no sentido que nos interessa aqui, "sedição", "discórdia". "Guerra civil" não consta como possibilidade mas infere-se dos contextos em que o termo surge. Deve-se tomar cuidado com essa tradução, no entanto, pelo fato de nem sempre situações de extrema degradação da comunidade política resultarem em confronto civil aberto.

[11] *Idem, ibidem.*

[12] Tucídides, *História da Guerra do Peloponeso*, 3.82.

124   História e retórica

O conceito de *stasis* surge também nas demais obras de Josefo; o exame de algumas dessas passagens mostra que Josefo buscou tornar acessíveis ao leitor grego diversas passagens bíblicas que abordam o tema da discórdia civil, legal ou internacional. Como exemplos mais eloqüentes citemos Dt 19:14, referência aos limites do terreno de cada vizinho, que é relida como um problema de *stasis* em AJ 4.225; a cobiça de Sara pelo Faraó poderia causar comoção política, *stasis* (AJ 1.164); o próprio Abraão fugiu de Ur em função da *stasis* que suas opiniões científicas e filosóficas causaram naquela cidade (AJ 1.281). A sedição de Corá contra Moisés é um dos temas bíblicos preferidos em relação ao conceito de *stasis* por Josefo (AJ 4.13; 32). Entre as coisas que Moisés implora a Deus como bênçãos sobre Israel, Josefo o faz pedir a ausência de *stasis*, numa oração extrabíblica (AJ 4.294-295).

O atribulado período da monarquia unificada também propicia o uso do conceito por Josefo: *stasis* relaciona-se ao problema entre David e Shemei (2Sm 19:23; AJ 7.265); e Deus garantiu a Salomão a ausência de *stasis* em seu reinado (AJ 7.337; 372).

Em Tucídides, o contexto em que se dão a discórdia e falência da coesão política é, em contrapartida, totalmente leigo[13]:

> Quando vejo estes jovens sentados aqui atendendo ao apelo desse homem, sinto medo; e faço um contra-apelo aos mais idosos, se algum estiver sentado ao lado de qualquer deles, para não se envergonharem de parecer covardes se não votarem pela guerra e, embora este possa ser seu sentimento, para não mostrarem um apetite mórbido pelo que está fora de seu alcance, cientes de que poucos sucessos são obtidos pela paixão, mas muitos pela ponderação[14].

---

[13] Esta última afirmativa talvez seja algo precipitada, levando-se em conta a indissociabilidade entre religião e política na cidade — o episódio da mutilação das estátuas e o processo de Sócrates bastam para nos recordar disso. Quero apenas deixar claro que Tucídides não enxerga o componente divino como elemento ativo na degradação da *politeia* ateniense, quando a questão da ofensa a Deus é pedra de toque em toda a argumentação de Josefo para explicar o caos da liderança em Jerusalém.

[14] Tucídides, *História da Guerra do Peloponeso*, 6.13. Trata-se do discurso de Nícias, tentativa de exortar os atenienses a desistir da expedição siciliana, preconizada por Alcibíades e fadada ao fracasso pela sua própria inviabilidade logística.

Historiografia helenística em roupagem judaica... 125

Todavia, para o historiador judeu a oposição, sob muitos aspectos semelhante à de Tucídides, se dará não entre dois grupos definidos em termos de faixa etária mas entre radicais e moderados. Em Tucídides é o próprio tecido político da cidade que se rompe, na medida em que os sucessores de Péricles não estão à sua altura e dão vazão a todos os desvarios da massa urbana[15]. Sobre esse tema é interessante notar ainda o paralelo entre Péricles e Moisés nas *Antiguidades Judaicas*: Josefo apresenta um Moisés admirável pelas mesmas razões que Tucídides faz a apologia de Péricles, ou seja, pelo fato de ele ser um hábil condutor e crítico das massas, ao invés de se deixar conduzir por elas (AJ 4.328)[16].

O tema do radicalismo da liderança ateniense surge em Tucídides essencialmente vinculado à figura dos demagogos, em especial ao oportunismo de Alcibíades que, em sua carreira espetacular, encarna as contradições e limites da Atenas democrática e imperialista do século V; não emerge do quadro composto por Josefo nenhum líder rebelde de estatura semelhante. Deve-se notar que Ananus é chamado por Josefo de líder do *demos* (BJ 4.210; 319-321); igualmente, o tratamento dado por Tito a Simão bar Guiora é relativamente honroso, uma vez que ele foi poupado para execução durante o triunfo, em Roma (BJ 7.19). É significativo que Tucídides também considere a pulverização do poder por vários indivíduos ("poliarquia") um dos fatores que levam a *stasis*[17]. Não devemos esquecer que ao segmento social do qual emerge Alcibíades tudo ou quase tudo é permitido, podendo-se identificar nele comportamentos que conduziriam à degradação maior do tecido social, tais como a vandalização das estátuas, na qual o próprio Alcibíades esteve implicado[18].

Josefo e Tucídides partilham outro tema hipocrático além de imputarem a responsabilidade pela guerra a grupos extremistas: a idéia de que por trás dos eventos aparentes há causas operantes profundas. Também aqui Josefo se mostra um eco confuso de Tucídides: embora

---

[15] Idem, 2.65. Cf. Jacqueline de Romilly, *História e Razão em Tucídides*, Brasília, Editora da UnB, 1998. O tema é especialmente caro à análise de Rajak, *op.cit.*, p.90 ss.

[16] Feldman, *op.cit.*, p.177.

[17] *História da Guerra do Peloponeso*, 6.72.

[18] Claude Mossé, *O Processo de Sócrates*, Rio de Janeiro, Jorge Zahar Editor, 1989, p. 21 e ss.

126   História e retórica

os insultos sobre os rebeldes de Jerusalém sejam semelhantes aos juízos de Tucídides sobre os ineptos sucessores de Péricles, o historiador grego sabe que Alcibíades, Cleon e Nícias, em toda a sua inabilidade, são produtos típicos da cidade; Jacqueline de Romilly toca na questão ao dizer que "aparentemente as pessoas simples, em toda e qualquer democracia, correm o risco de se sentir atraídas por uma vulgaridade que lhes parece familiar e alentadora"[19]. A tentativa de Josefo de isentar parcelas significativas dos judeus da responsabilidade na guerra — ou seja, em atribuir a "vulgaridade democrática" a certos grupos ou indivíduos particulares, e não ao *demos* de Jerusalém como um todo — resulta por sua vez desastrada e pouco convincente. Uma possível explicação para essa discrepância talvez resida no peso do elemento religioso como motivador da revolta e animador da guerra entre os judeus, elemento virtualmente ausente do texto de Tucídides[20].

O tema da *stasis*, por importante que seja em Josefo, não esgota suas estratégias de análise e narrativa. Josefo, como outros historiadores antigos, serve-se do proêmio de sua obra para esclarecer os pontos de vista que adotará na análise propriamente dita dos eventos. Dessa forma, a insensatez e crueldade do radicalismo judaico são contrastados com a benevolência romana:

> Descreverei o tratamento brutal dispensado pelos tiranos a seus compatriotas, e a clemência dos romanos quanto a uma raça que lhes é estranha [...] Farei distinguir os sofrimentos e calamidades do povo, culminando em sua derrota, como sendo atribuíveis respectivamente à guerra, à sedição [τῆς στάσεως] e à fome (BJ 1.27).

---

[19] Jaqueline de Romilly, *Alcibíades ou os Perigos da Ambição*, Rio de Janeiro, Ediouro, 1996, p. 25 e ss. *Os cavaleiros*, de Aristófanes, trata exatamente dessa "vulgaridade democrática" (126-145, onde se sucedem na cidade, de acordo com um oráculo, um mercador de estopas, um de carneiros, e por fim um salsicheiro; este último não possui qualquer instrução).

[20] É de notar aqui o peso das formulações religiosas para o entendimento dos fatores econômicos ligados à eclosão da guerra. Cf. Shimon Applebaum, "Josephus and the Economic Causes of the Jewish War", em Louis Feldman e Gohei Hata (eds.), *Josephus, the Bible and History*, Detroit, Wayne State University Press, 1989.

Mas os grandes "vilões" de Josefo não têm a sutileza psicológica dos demagogos de Tucídides; entre os personagens de Josefo, os poucos que mostram perfis sofisticados e cheios de nuances são aqueles envolvidos com Herodes e sua corte, principalmente o espartano Euricles e o filho conspirador de Herodes, Antípatro; mas eles não têm participação direta nos eventos que conduzirão a 67. Ficamos com personagens muito mais simplórios para os eventos diretamente ligados à guerra, aos quais corresponde uma caracterização igualmente simplória: Simão bar Guiora, Justus de Tibérias, Ananus e Eleazar ben Yair[21].

Além disso, os rebeldes de Josefo, por mais que estejam caracterizados à moda da *Guerra do Peloponeso*, têm de dividir com outros fatores étnicos, políticos, religiosos e econômicos as origens da guerra. Entre esses fatores, o econômico recebeu atenção especial dos analistas modernos em suas relações com o conceito de *stasis*. A sedição pode estar relacionada aos conflitos de classe (ver BJ 7.260-1[22], ou AJ 20.179[23]). Segundo Josefo, a diferença entre ricos e pobres nunca é superada, nem mesmo quando ambos se encontram em situação de carência total (BJ 5.439; 527-30; 567; 6.112).

Os usos do conceito de *stasis* na obra de Josefo fora da *Guerra dos judeus* apresentam-se ainda mais surpreendentes, porém muito esparsos para que se possa incluí-los num padrão geral. O termo surge relativamente a Moisés e às sedições internas enfrentadas para conduzir os hebreus rumo a Canaã, como vimos. Surge ainda relacionado à sucessão de David, mas com menos importância do que seria de esperar, tudo indicando que, fora de BJ, o uso do conceito por Josefo é comum e que se explica por razões de ordem prática, uma vez que era conceito bem conhecido do seu público-alvo.

---

[21] É de notar aqui que a caracterização de Herodes por Josefo deve muito ao que dele escreveu seu secretário particular Nicolau de Damasco, autor da *História universal* supracitada. Eleazar mostra grande capacidade de argumentação em seu discurso de Masada, mas a artificialidade retórica do episódio é inegável e, se mostra sutileza psicológica, devemos atribuíla ao próprio Josefo e não ao suposto autor do discurso.

[22] Goodman, *op.cit.*, p.26.

[23] Para Rajak, este é o único uso claro do termo *stasis* relacionado a conflitos de classe em toda a obra de Josefo, o que não o impede de tocar no assunto por outros meios. Cf. Rajak, *op.cit.*, p.33.

128 História e retórica

De resto, Josefo faz uma análise que, ainda que parcial e tendenciosa, não mente quanto aos fatos, mas eventualmente o faz quanto à sua interpretação[24]. O estilo é muitas vezes desagradável (nisso Josefo faz-se acompanhar tanto por Tucídides quanto por Políbio, entre os nomes mais importantes em sua formação) e, como eles, Josefo também alega estar descrevendo eventos singularmente importantes e unicamente decisivos no curso da história humana:

> A guerra dos judeus contra os romanos — a maior não apenas entre as guerras de nosso tempo mas também, na medida em que outros relatos chegaram até nós, a maior de todas as que aconteceram entre cidades ou nações — não teve carência de historiadores (BJ 1.1).

Para efeitos didáticos, é possível separar o esforço interpretativo, propriamente historiográfico de Josefo de sua interpretação geral, metahistórica — evidentemente o próprio Josefo não deveria ter essa diferença tão clara, se pensarmos que mesmo para os historiadores modernos a fronteira não se faz tão nítida.

De todo modo, as linhas mestras em que Josefo interpreta o sentido da história que descreve em detalhe são as seguintes:

i. O sentido da história humana é dado por Deus;

ii. Esse sentido é apreensível pelos profetas, em cuja tradição hermenêutica Josefo pretende aparentemente se inserir;

iii. A interpretação errônea dos sinais dados por Deus quanto ao sentido da história leva a desastres como o de 70;

iv. Como senhor da história, Deus tem o poder de deslocar o foco de seu favor dos judeus para outros povos, como de fato ocorreu com relação aos romanos, segundo Josefo.

Os itens acima mesclam-se, além disso, com a trajetória pessoal do próprio Josefo, que neles encontrou, conscientemente ou não, a justifi-

---

[24] Goodman, *op.cit.*, p.104.

tendo o próprio Otávio como seu colega. Exerceu muito a sua *liberalitas*, tendo promovido várias construções e reconstruções públicas na cidade de Roma, como, por exemplo, a construção do Panteão, que posteriormente foi reformado pelos imperadores Adriano e Septímio Severo. Foi casado com Júlia (em 21 a.C.), filha de Otávio, e indicado como seu sucessor, mas morreu em 12 a.C., antes do príncipe. Teve a honra de ter suas cinzas depositadas no Mausoléu de Augusto.

Já Caio Mecenas afirmava ser descendente dos reis etruscos e, portanto, um patrício de primeira geração. Pode-se dizer que se equiparou a Agripa no âmbito civil, ao também ocupar vários cargos públicos na administração de Roma e da Península Itálica, mas não tinha grandes talentos militares. Utilizou boa parte de sua fortuna patrocinando inúmeros poetas como Virgílio, Horácio, Propércio e Vário, que foram responsáveis por fazerem verdadeiras odes ao novo governante e à nova forma de governo, que aos poucos ia se delineando. Morreu em 8 a.C., deixando todas as suas propriedades para Otávio. Sabe-se que pelo menos um terço da cidade de Roma pertencia a ele no momento de sua morte.

Deste modo, percebe-se que Dião Cássio construiu um debate entre dois aristocratas, bem próximos ao príncipe, que formavam de certa forma uma espécie de *consilium principis* ainda em sua gestação. Eles teriam discutido no Senado sobre a forma de poder a ser adotada por Otávio, como comandante único e protetor do Império e sobre como ele deveria agir como homem e como governante.

Alguns autores, como Emilio Gabba, acreditavam que a opinião de Dião estava posta nas palavras de Mecenas[17], e que as palavras de Agripa apenas lhe serviam de contraponto retórico. Entretanto, numa leitura mais cuidadosa do livro LII, vemos que na realidade não se cria um debate entre as duas personagens, com a defesa de propostas totalmente contrapostas. O que se tem é a apresentação de propostas que se complementam. Enquanto na fala de Agripa ocorre uma discussão mais teórica do poder sob o Principado que se estava instalando, na fala de

---

[17] *Op. cit.*, p. 318.

154   História e retórica

Mecenas reúnem-se algumas propostas práticas de como bem governar. Agripa se posiciona contra a tirania. A República à qual ele se refere não é a forma de governo tradicional, mas uma nova República, na qual existe um poder absoluto que se eleva sobre os demais, mas que não deve ser tirânico.

A preocupação de Agripa era que se mantivesse um mínimo de *libertas* para a aristocracia (Dião Cássio, LII, 2.4). Quando ele defende a democracia, ela é contraposta à tirania e não à monarquia (Dião Cássio, LII, 5.1). Esta democracia proposta nada mais é do que a possibilidade de os aristocratas intervirem no governo, pois nas palavras de Dião por intermédio da personagem Agripa, se o governante:

> não delegasse nenhuma função a estes colaboradores e confiasse os cargos aos homens de baixo lugar social e um pouco ao acaso, rapidamente incorreria no erro de fazer com que os nobres se sentissem desacreditados e bem rapidamente falharia nos negócios mais importantes. Que vantagem, de resto, poderia advir de um homem ignorante e de condição vil? Qual inimigo não o desprezaria? Qual aliado obedeceria às suas ordens? Qual soldado não se sentiria indigno de ser comandado por um homem semelhante? (Dião Cássio, LII, 8.6-7).

Dião Cássio critica através da fala de Agripa não a monarquia de seu tempo, mas certos governos específicos, como os de Cômodo e de Caracala, nos quais os aristocratas se sentiram afastados dos círculos mais próximos do poder e alijados do gerenciamento dos negócios públicos. A detenção de um poder absoluto traria em si mesmo grandes perigos, por isso, para Dião, "um homem sábio não deveria aspirar ao poder absoluto" (Dião Cássio, LII, 11.1), mas sim dispensar favores generosamente de acordo com o mérito de cada um (Dião Cássio, LII, 12.5). Quando Agripa propõe que o príncipe restitua ao povo os exércitos, as províncias, o controle das magistraturas e do dinheiro público (Dião Cássio, LII, 13.1), como mais adiante também o faria Mecenas ao correr do debate, Dião não se refere à plebe, mas aos aristocratas. Ao falar de igualdade de acesso ao poder, Agripa/Dião fala daqueles que foram educados de forma semelhante e que se colocam à disposição da pátria de corpo e alma (Dião Cássio, LII, 4.1-2). Assim, o que se defende no discurso de Agripa é que a monarquia não evolua para uma tirania, visto que "os romanos não tolerariam absolutamente ser governados por um rei" (Dião Cássio, LII, 13.6).

Desta forma, estas colocações de Agripa não se contrapõem ao que seria em seguida exposto por Mecenas, mas, ao contrário, iniciam uma proposição que se tornaria mais prática nas sugestões de como este monarca, idealizado por Dião, poderia melhor administrar o Império. É interessante notar que esta discussão mais teórica foi posta na boca de um homem muito mais militarizado do que Mecenas. Agripa foi um grande general de Otávio e apesar disso defende no debate diôneo o poder dos melhores. Lembremo-nos de que o discurso diôneo tem como público alvo os homens do período severiano, no qual o exército assumia funções políticas cada vez mais claras na escolha e manutenção dos imperadores.

No discurso de Mecenas, o que se propõe abertamente é a reorganização do Estado a partir do homem mais sábio (Dião Cássio, LII, 14.1). Este governante sábio deveria pensar bem sobre com quem deveria compartilhar o poder, pois como afirma Mecenas/Dião:

> A liberdade que alguns possuem de fazer e de dizer simplesmente tudo o que querem, se esta liberdade for concedida aos homens sábios, constituirá motivo de alegria para todos, mas quando ela é permitida aos homens insensatos, tornar-se-á motivo de desgraça: porque se vincular o poder a estes últimos é como se colocar uma espada nas mãos de uma criança ou de um louco (Dião Cássio, LII, 14.2).

Por isso, para Mecenas/Dião o melhor a se fazer é pôr fim à audácia da multidão e vincular ao imperador e aos outros nobres a administração dos assuntos públicos, de modo que se garanta a deliberação aos mais sábios e o comando aos mais espertos (Dião Cássio, LII, 14.3). Só assim se ganharia uma autêntica *res publica* e uma liberdade segura (Dião Cássio, LII, 14.4).

156   História e retórica

Não é contra o poder único que se posiciona Dião, visto que Mecenas propõe a Otávio a seguinte forma de conduzir o Estado:

> Mantenhas o controle dos conflitos de acordo com as decisões tomadas junto com os teus conselheiros e que todos os outros cidadãos obedeçam instantaneamente a tuas ordens; tu e os teus colaboradores mantenham sob controle a escolha dos magistrados e que sejas tu a fixares os prêmios e as punições; tornes imediatamente lei todas as tuas decisões com o conselho dos homens de tua posição [...]; não te ligues às facções e nem te exponhas às rivalidades populares (...); assim, te colocarás a salvo das guerras perigosas e das ímpias sedições (Dião Cássio, LII, 15.2-4).

Mecenas compara o Império a um navio, que como tal precisava de um timoneiro único (Dião Cássio, LII, 16.3). O que se queria garantir era a presença certa e inquestionável de aristocratas como conselheiros do governante, que este escutasse suas posições e que as levasse a cabo. Mecenas defende a criação de um governo justo e correto, capaz de controlar as desordens públicas e de ordenar as leis (Dião Cássio, LII, 18.3-4). Portanto, agradava aos aristocratas que o imperador se mostrasse afável com os senadores e que fosse um bom legislador.

Lembremo-nos de que o próprio Dião tinha se assustado com as demonstrações populares durante as Saturnálias de 196 d.C., nas quais a população de Roma tinha se aproveitado dos jogos e das procissões para protestar contra a continuação das guerras civis de Septímio Severo, que duraram até 197 d.C., quando o imperador finalmente voltou para Roma, após derrotar sucessivamente os exércitos de Pescênio Nigro e de Clódio Albino (Dião Cássio, LXXV, 4.2-6). Além disso, o período severiano foi muito importante para a sistematização das leis, tanto que Jean-Pierre Coriat, chamou Septímio de "*Le Prince Législateur*", tal a técnica legislativa que se desenvolveu a partir de seu governo e dos métodos de criação do direito imperial que foram fomentados por ele e pelos seus sucessores[18].

---

[18] J.-P. Coriat, *Le Prince Législateur*, Roma, École Française de Rome, 1997.

O Imperador proposto no debate de Agripa/Mecenas, além de sábio, deveria ser um homem de ação. Mecenas propõe inúmeras medidas a serem tomadas pelo governante, visando garantir a estabilidade imperial. Como destaca Espinosa Ruiz, o que encontramos na fala de Mecenas são conselhos práticos para o governante[19]. Para Emilio Gabba, Dião tenta no discurso de Mecenas conciliar as exigências do Senado com a posição ocupada pelo monarca no século III d.C.[20].

Os conselhos de Mecenas se iniciam com a fixação de normas para a seleção dos homens que deveriam ocupar funções públicas no Estado, dentre elas destacam-se a família, a riqueza e a virtude (*areté*), nesta ordem de importância (Dião Cássio, LII, 19.1-3), reservando, assim, os melhores cargos para os senadores. Mecenas também recomenda que os senadores sejam escolhidos dentro e fora da Península Itálica, efetivando-se, dessa forma, uma maior integração dos homens mais destacados das províncias, processo este em andamento desde o período dos Antoninos, e visando-se evitar a ocorrência de rebeliões nas províncias (Dião Cássio, LII, 19.2). Para o acesso à ordem eqüestre, estabelece-se a mesma trilogia de critérios para a ascensão nas honras: família, riqueza e mérito (Dião Cássio, LII, 19.4). Estes homens estariam aptos a ajudar na condução dos negócios públicos, mas Mecenas/Dião defende que o imperador guarde para si a função de designar os magistrados, para que este processo de escolha não se torne objeto de ambições privadas e para que o Senado e a plebe não gerem em seu interior facções responsáveis pela desestabilização do Estado. Para se evitar que os designados não abusem da dignidade de seus cargos, Mecenas/Dião defende que não lhes sejam concedidas forças armadas durante o exercício do poder, estando todo o exército nas mãos dos príncipes (Dião Cássio, LII, 20.3-4). Deste modo, Dião acreditava estar evitando o aparecimento de facções militares, como as que se enfrentaram de 193 a 197 d.C., após o assassinato de Pertinax.

---

[19] *Op. cit.*, p. 302.

[20] *Op. cit.*, p. 320.

158   História e retórica

Além disso, Mecenas/Dião sugere o aumento do poder do *praefectus urbis*, o cargo máximo a ser ocupado pelos senadores em Roma e a criação de um subcensor, também da ordem senatorial, para fazer o censo da cidade, a inscrição dos homens nas ordens senatorial e eqüestre e verificar a conduta dos senadores e eqüestres, bem como de suas mulheres e filhos (Dião Cássio, LII, 21.1-5). Com isso, Dião julgava dar aos senadores o controle das inscrições nas ordens mais elevadas, visto que a Censura se encontrava nas mãos do Príncipe. Deve-se ressaltar que para Mecenas ambos os cargos deveriam ser vitalícios, o que limitava a capacidade de manobra do governante frente aos senadores e à concessão das *adlectiones*.

Quanto aos prefeitos do pretório, deveriam ser em número de dois — pois seria muito perigoso dar-se tão importante comando a um só elemento eqüestre (Dião Cássio, LII, 24.1) —, teriam pouca participação no *consilium principis* e seriam despojados de seu poder sobre todos os exércitos, podendo apenas comandar as coortes pretorianas. Lembremo-nos de que Dião e vários outros senadores tinham passado por vários problemas durante a prefeitura de Plautiano, e certamente os senadores gostariam de evitar a repetição de tal situação[21].

Com isso, Dião enfraquecia o mais alto cargo eqüestre em relação às magistraturas senatoriais. Aos eqüestres continuariam cabendo funções ligadas a assuntos financeiros, pois se retorna ao ideal republicano de que aos senadores caberiam assuntos políticos e não econômicos. Nas palavras de Mecenas/Dião, "não convém que se dêem às mesmas pessoas o controle das forças armadas e o controle do dinheiro público" (Dião

---

[21] L. C. Hautecoeur, "Fulvius Plautianus et la préfecture du prétoire sous Septime Sévère", em *Mélanges Cagnat*, Paris, Ernest Lerous, 1912, p. 187-199. Caio Fúlvio Plautiano foi prefeito do pretório de Septímio de 197 a 205 d.C., quando foi assassinado após ser acusado por Caracala de conspirar contra o príncipe. Ele foi procurador na África em 188 e 189 d.C. e prefeito *vigilum* de 193 a 195 d.C. Havia nascido na mesma cidade que Severo, Leptcis Magna, e dizia-se que era parente do imperador por parte de mãe (F. Grosso, *La Lotta politica al tempo di Commodo*, Torino, Accademia delle Scienza, 1964, p. 34). Enquanto prefeito do pretório, assumiu funções militares, judiciárias e financeiras, auxiliando na arrecadação de impostos (Hautecoeur, *op. cit.*, p. 192-193).

Cássio, LII, 25.3). Como deveriam ser dados aos elementos senatoriais os comandos militares, deveria se garantir aos eqüestres as funções financeiras. Acrescente-se que dessa forma se protegia o patrimônio privado dos senadores, ao retirá-los dos cargos vinculados aos assuntos econômicos do Império. Deveria estar ainda muito vívida em Dião Cássio a lembrança das inúmeras coletas de dinheiro feitas por Septímio Severo entre os senadores, para manutenção de suas guerras contra Clódio Albino e Pescênio Nigro.

No que se refere ao gerenciamento das províncias, Mecenas/Dião sugere que elas tenham seus tamanhos diminuídos, para que possam ser mais bem governadas, e que todas se transformem em províncias imperiais, anulando a existência de províncias senatoriais. Também julga importante que todas as províncias tenham unidades armadas estacionadas, comandadas por pró-pretores senatoriais, e que a Península Itálica se converta numa província normal (Dião Cássio, LII, 22.1-2). Lembremo-nos de que Septímio criou a província da Mesopotâmia e dividiu a Síria em duas províncias, facilitando a administração do Império durante o seu governo. Mais uma vez Dião tenta conseguir cargos para os senadores, pois desde os Antoninos as províncias imperiais tinham como legados homens vindos dos estratos eqüestres[22]. Segundo Dião, todas as províncias deveriam ser imperiais, pela própria existência do *imperium maius*, mas deveriam ser comandadas por procônsules vindos dos estratos senatoriais e por dois pró-pretores, também vindos da ordem senatorial. A existência de um só tipo de província garantiria uma certa homogeneização da administração imperial e um melhor aproveitamento dos recursos provinciais, controlando mais facilmente as rebeliões e uniformizando a exploração do território do Império[23].

O exército, por sua vez, deveria ser completamente controlado pelo príncipe, com a ajuda de comandantes senatoriais. Os homens em armas

---

[22] R. P. Saller, "Promotion and Patronage in Equestrian Careers", *Journal of Roman Studies,* 70, 1980, p. 57.

[23] F. Millar, "The Emperor, the Senate and the Provinces", *Journal of Roman Studies*, 56, 1966, p. 156-166.

160 História e retórica

deveriam ser dispostos em todas as províncias, principalmente ocupando lugares fixos ao longo das fronteiras. Assim, defende-se a criação de legiões profissionais, fixas e permanentes, alistando-se cidadãos e aliados vindos de todas as partes do Império (Dião Cássio, LII, 27.1-2), pois:

> Deve-se permitir a todos aqueles que ambicionam uma carreira militar a possibilidade de se armarem e de fazerem exercícios bélicos, visto que eles sempre se constituem num risco de se insurgirem em rebeliões e guerras civis [...]. Ao dedicarem seu tempo a esta única ocupação, combaterão melhor, enquanto outros terão a possibilidade de cultivar a terra, de praticar o comércio marítimo e outras atividades comerciais, que são praticadas nos tempos de paz (Dião Cássio, LII, 27.4-5).

Para sustentar os legionários, sem precisar usar o dinheiro dos senadores, Mecenas/Dião sugere que se vendam as terras do *ager publicus*, que se estabeleçam impostos e taxas justos para todos os cidadãos e que se faça um orçamento, para que se evite gastar mais do que se ganha com a exploração do Império (Dião Cássio, LII, 28.1-6). Além disso, ressalta-se que o príncipe deveria levar uma vida simples e sem grandes gastos públicos (Dião Cássio, LII, 29.2). Com a efetivação destas medidas poder-se-ia garantir um salário adequado para os soldados, sem precisar recorrer regularmente aos fundos senatoriais. E organizando-se as finanças, seria possível se pensar num pagamento também para os magistrados (Dião Cássio, LII, 23.1).

Mecenas/Dião defende inclusive a centralização e unificação das emissões monetárias pelo imperador (Dião Cássio, LII, 30.9), visando controlar melhor o orçamento[24], e uma austeridade nos gastos com a corte e com a ornamentação das cidades (Dião Cássio, LII, 30. 1-4), pois, além de se diminuírem os custos com os ornamentos, se controlariam as inimizades existentes entre os cidadãos de cidades vizinhas (Dião Cássio, LII, 37.10). Dião Cássio conhecia muito bem essas rivalidades, pois como natural de Nicéa deveria ter enfrentado a antiga rivalidade de sua

---

[24] M. Reinhold, *op. cit.*, p. 221.

cidade natal com a vizinha Nicomédia. Quando da guerra civil travada entre Septímio e Nigro, Nicéa apoiou este último, enquanto Nicomédia apoiou Septímio, recebendo depois de sua vitória várias benesses. Talvez por isso, Dião Cássio tenha se sentido impelido a escrever um livro sobre os *omina imperii* de Septímio, mostrando que apesar de sua cidade estar ao lado de Nigro, ele pessoalmente defendia os interesses de Septímio em Roma. Trata-se de *Sobre os Sonhos e Presságios*, primeira obra de Dião, dedicada a Septímio, que depois foi integrada à *História de Roma*[25].

O binômio Príncipe-*Consilium Principis* se constituía na principal fonte legislativa no projeto de Mecenas/Dião. Caberia ao Senado apenas sancionar toda a legislação produzida (Dião Cássio, LII, 31.2). Com esta medida, limitar-se-ia o poder dos prefeitos do pretório severianos, renomados jurisconsultos como Papiniano e Ulpiano, e se garantiria ao menos o poder de ratificação aos senadores, visto que, desde o governo de Septímio, os *senatus consulta* vinham perdendo força como instrumentos legislativos para as constituições imperiais e os *mandata*[26].

Portanto, para empreender estas medidas teria de estar no poder um homem sábio e de ação. O imperador deveria ser o primeiro entre os melhores, um chefe popular, um leal amigo do Senado, um comandante firme dos exércitos, pois para Dião "somente a virtude torna os homens semelhantes aos deuses e ninguém é deus por votação" (Dião Cássio, LII, 35.5). O príncipe devia buscar um comportamento exemplar, pois "resulta mais fácil que um cidadão tome como exemplo um comportamento melhor quando o vê já posto em prática" (Dião Cássio, LII, 34,1).

De igual maneira, o governante devia ser escrupuloso e cuidadoso, pois "vives como numa espécie de teatro cujos espectadores são todos os habitantes do Império e não te será possível esconder nem o menor erro" (Dião Cássio, LII, 34.2). O governante devia ser ainda justo, cle-

---

[25] M. L. Freyburger-Galland, *op. cit.*, p. 13.
[26] V. Espinosa Ruiz, *op. cit.*, p. 382.

162 História e retórica

mente, cuidadoso com as delações (Dião Cássio, LII, 37.2-3) e permitir que o Senado julgasse os senadores acusados de conspirar contra o príncipe (Dião Cássio, LII, 32.2). Devia desenvolver uma política pacífica, mas ao mesmo tempo estar pronto para intervir em caso de guerra (Dião Cássio, LII, 37.1), e devia ser amado como a um pai e um salvador, a ser discreto na vida privada e a não ser insolente, mas, ao contrário, saber manter a temperança (Dião Cássio, LII, 39.3). Somente assim se constituiria uma monarquia que teria à frente não um rei, mas um César e um *Imperator* (Dião Cássio, LII, 40.1-2).

Um homem tão prudente deveria saber lidar com o culto imperial, evitando erigir estátuas de ouro e de prata, pois, além de custosas, causavam inveja e duravam pouco tempo. As verdadeiras imagens deveriam ser esculpidas nas almas dos homens (Dião Cássio, LII, 35.3). Segundo Mecenas/Dião não era dos templos erguidos para o imperador que advinha a verdadeira glória, mas da prática da virtude. Deste modo, se o governante:

> É um homem de elevada moral e um bom administrador do poder, toda a terra será seu recinto sagrado, todas as cidades serão seus templos, todos os homens serão as suas estátuas, enquanto para aqueles que exercem a autoridade do poder de outro modo, não somente tais monumentos não conferirão nenhum prestígio, como nenhuma honra virá dos templos votivos das cidades, mas, ao contrário, se tornarão odiosos e se transformarão em troféus de sua maldade e em recordação de sua iniqüidade. De fato, quanto mais resistirem ao tempo, mais perdurará também a sua fama ruim. Por isso, se desejas te tornares imortal no verdadeiro sentido da palavra, deves seguir os meus conselhos (Dião Cássio, LII, 35.3-6).

Assim, em Dião, a única imortalidade possível, tanto para o príncipe quanto para os senadores, era a que emanava da glória, e esta somente surgia da atividade pública exercida de forma livre, consciente, autônoma e virtuosa[27]. Por isso, era importante para os senadores manterem

---

[27] *Idem*, p. 399.

Imagem, poder e amizade:... 163

uma *libertas* mínima e garantirem sua proximidade ao círculo do poder, pois a única garantia que tinham de controle sobre as ações imperiais era a de que o governante agisse segundo os cânones das virtudes clássicas defendidas por eles[28].

E interessava aos governantes divulgar a idéia de que se aproximavam desta imagem esperada pelos senadores e por outros elementos sociais, imagem esta que se espalhava por toda a sociedade, pois, como afirma Veyne, só se pode ser honradamente governado por um homem que sabe governar as suas paixões. Quando se obedece a um chefe que é senhor de si próprio, não se obedece verdadeiramente a um chefe, mas à moral a que o chefe é o primeiro a obedecer. Um plebeu aceitará de bom grado obedecer a um mestre cuja superioridade, provada através de sinais exteriores, é flagrante[29]. Em virtude disso, era fundamental que o imperador gerasse e divulgasse suas representações.

---

[28] P. Grimal, "Du De Republica au De Clementia: Réflexions sur l'évolution de l'idée monarchique à Rome", *MEFRA*, 91, 2, 1979, p. 671-691.

[29] P. Veyne, *Como se Escreve a História*, Lisboa, Setenta, 1987, p. 13-14.

História, verdade e justiça em Amiano Marcelino

Gilvan Ventura da Silva

Introdução

Dentre o conjunto da literatura greco-latina de inspiração pagã que floresceu no Baixo Império Romano, a obra de Amiano Marcelino ocupa, sem dúvida, uma posição de destaque, não apenas em virtude da erudição demonstrada pelo autor, mas sobretudo pelo fato de ter significado uma tentativa de compreensão global do Império Romano. Nesse sentido, talvez pudéssemos supor que a narrativa histórica de Amiano Marcelino é uma via de expressão própria de um tempo no qual já se tomou consciência, ao menos no seio da elite, de que o Império Romano não se reduz mais a Roma e à Península, englobando uma multiplicidade de povos e culturas distintas e, por vezes, longínquos, ainda que a Urbs permaneça cumprindo um papel determinante no que diz respeito à defesa dos valores tradicionais romanos que representam a quintessência da própria civilização. Se Amiano, como querem alguns, pretendeu escrever uma continuação da obra de Tácito, o que o levou a iniciar sua narrativa do ponto em que este último se deteve, ou seja, do reinado de Nerva, o espectro do trabalho de Amiano se revela muito mais diversificado e abrangente[1].

---

[1] Muito embora Tácito não seja citado textualmente por Amiano, a maior parte dos autores tende a concordar com a existência de uma filiação intelectual entre ambos, conforme afirmam Galletier (introdução a Ammien Marcellin, *Histoire*, livres XIV-XVI, texte établi et traduit par Édouard Galletier, Paris, Belles Lettres, 1968, p. 16), E. A. Thompson (*The Historical Work of Ammianus Marcellinus*, Groningen, Bouma's Boekhuis, 1969, p. 17) e J. M. André e A. Hus (*La historia en Roma*, Buenos Aires, Siglo XXI, 1975, p. 190).

166   História e retórica

Tácito foi um autor familiarizado com os problemas da elite senatorial, da corte dos príncipes e da cidade de Roma, ao passo que Amiano pretendeu nos legar um mosaico do Império Romano como um todo, tanto do ponto de vista da diversidade geográfica quanto da diversidade cultural, e isso sem negligenciar as vicissitudes da política imperial[2]. Além disso, ao contrário de Tácito, Amiano empreendeu uma série de viagens pelo território do Império, o que lhe permitiu recolher *in loco* inúmeras informações consignadas em sua obra. Por essa razão, Amiano revela não apenas uma preocupação com o legado romano aprendido por intermédio de um extraordinário esforço de prospeção dos autores clássicos, mas igualmente com o registro daquilo que observa por conta própria ou que lhe é reportado pelos habitantes das regiões que visita, o que dota a sua obra de um matiz etnográfico que não podemos ignorar, sob pena de aviltarmos consideravelmente a sua contribuição para o conhecimento da história romana.

A obra de Amiano, por outro lado, se distingue também como o mais importante texto histórico do Baixo Império. Deixando de lado a *História Eclesiástica*, de Eusébio de Cesaréia, obra verdadeiramente seminal no contexto da historiografia antiga, mas que encerra algumas particularidades que a afastam do escopo da narrativa histórica tradicional cultivada por gregos e latinos, a narrativa de Amiano Marcelino pode ser considerada a mais relevante dentre os escritos de caráter histórico que surgiram no Baixo Império, não apenas em virtude do método de trabalho desenvolvido pelo autor, mas também pelo seu fôlego extraordinário[3]. Num século dominado pela produção de breviários e de notícias biográficas dos imperadores, como são os trabalhos de Eutrópio, Aurélio Vítor, Festo e do anônimo autor do *Epítome*, textos elaborados o mais das vezes com a finalidade de instruir uma elite composta

---

[2] Thompson, *op. cit.*, p. 126-127.

[3] Eusébio e Lactâncio, ao escreverem suas obras, não pretenderam cristianizar a história pagã, mas antes estabeleceram um novo modelo historiográfico baseado numa perspectiva futurista que subvertia o sentido clássico da história, uma atividade cuja base duradoura era o passado (K. Löwith, *O Sentido da História*, Lisboa, Edições 70, 1991, p. 19). Ao agirem desse modo, consolidaram uma nova maneira de se conceber a história.

por *parvenues* ignorantes quanto à própria história romana, Amiano se propõe a compor uma narrativa repleta de detalhes e informações que os próprios contemporâneos não hesitaram em classificar como excessiva, conforme se depreende da declaração do autor de não se intimidar diante das "reprovações que se dirigirão a uma obra que alguns estimam muito longa" (XV,1,1). O resultado é um trabalho de inestimável valor para o estudo do Baixo Império, visto que se configura um precioso inventário de acontecimentos que, por vezes, somente foram preservados por intermédio do relato singular de Amiano.

Um romano entre a guerra e a literatura

Amiano era natural de Antioquia, uma das mais importantes cidades do Império Romano, tendo nascido por volta de 325-330[4]. Sobre a categoria social a qual pertencia nada sabemos ao certo. Deixando de lado a suposição, hoje desacreditada, de que Amiano seria o filho do *Comes Orientis* Marcelino, nomeado em algumas leis recolhidas no Código Teodosiano, parece existir um certo consenso de que nosso autor teria pertencido à ordem dos decuriões em virtude das reiteradas defesas que faz dos membros da *ordo*, sobrecarregados com algumas medidas tomadas pelos imperadores[5]. Tendo muito provavelmente concluído a formação educacional básica em sua cidade natal, Amiano ingressou na carreira militar na condição de *protector domestici*. No exército do século IV, a patente de *protector* representava o nível mais baixo do oficialato, sendo seguida pelas patentes de *tribunus* e *comes*. Levando-se em consideração que um simples *miles* somente chegaria ao cargo de *protector* após vinte anos de caserna e que mesmo para um soldado razoavelmente instruído tornar-se *protector* implicava alguma experiência como burocrata a serviço dos comandantes militares, o fato de Amiano, por volta de 353,

---

[4] Todas as datas mencionadas no texto são depois de Cristo.

[5] P. M. Camus, *Ammien Marcellin, témoin des courants culturels et religieux à la fin du IVe siècle*. Paris, Les Belles Lettres, 1967, p. 25-26.

168 História e retórica

já ocupar o posto de *protector domestici* é uma evidência bastante sólida da sua nobreza de nascimento. Sendo incluído, por determinação imperial, no *staff* de Ursicino, *magister equitum* do Oriente, junto com outros cinco ou seis *protectores*, Amiano passou a desempenhar funções diversas, de acordo com as exigências do cargo, uma vez que os *protectores*, na qualidade de auxiliares de campo de um general, eram responsáveis pela atualização dos efetivos militares disponíveis, pela elaboração de planos estratégicos, pela supervisão do abastecimento das tropas e pelo desempenho de missões especiais[6].

Em 353, Amiano se apresenta a Ursicino na cidade de Nísibis, posto avançado de Roma além do Eufrates, próximo à fronteira com a Pérsia sassânida. No ano seguinte, Ursicino é convocado a Antioquia pelo César Galo e encarregado de presidir o julgamento de alguns indivíduos acusados de alta traição. Nesse mesmo ano de 354, Ursicino, tendo se tornado suspeito a Constâncio II, recebe a ordem de dirigir-se à corte, no momento sediada em Milão, e daí é enviado às Gálias para dar cabo de Silvano, um oficial franco que havia usurpado a púrpura imperial em agosto de 355. Vitorioso em sua missão, Ursicino recebe o comando temporário dos exércitos das Gálias. É nessa ocasião que Amiano, companheiro inseparável de Ursicino, trava contato com Juliano, recém-nomeado César por Constâncio com a incumbência de defender a fronteira reno-danubiana. Amiano permanece nas Gálias até o verão de 357, quando seu superior é convocado a Sírmio e daí enviado novamente ao Eufrates devido ao recrudescimento da ameaça persa. Em 359, momento em que os persas reiniciam as hostilidades, Ursicino é substituído por Sabiniano e novamente convocado à corte, mas na travessia do rio Hebro, na Trácia, recebe ordens para retornar à Mesopotâmia. Nesse ínterim, dá-se o episódio mais dramático da carreira militar de Amiano: o cerco e a destruição da cidade de Amida pelos persas, o que acarretou a deposição de Ursicino. Segundo Thompson, é possível que logo depois Amiano tenha servido com Constâncio em Bezabde, uma vez que nos

---

[6] E. Ch. Babut, "Recherches sur la garde impériale et sur le corps d'officiers de l'armée romaine aux IV et V siècles", *Revue Historique*, 114, 1913, p. 225-260.

História, verdade e justiça em Amiano Marcelino   169

fornece uma descrição detalhada dos acontecimentos que aí se sucederam em 360[7]. Em 363, Amiano participa da ofensiva de Juliano contra os persas, tendo muito provavelmente se unido às forças imperiais quando da chegada do imperador ao Eufrates. Desse momento em diante, pouco se sabe acerca da biografia de Amiano.

Com a morte de Juliano e a ascensão de Joviano, Amiano parece ter se licenciado da vida militar, retornando a Antioquia. A partir de então, sua vida é devotada ao estudo e à escrita. Por volta de 363, empreende uma viagem ao Egito e em seguida visita a Grécia, aí chegando após o grande terremoto de julho de 366. Em 371, vamos encontra-lo novamente em sua cidade natal, visto que a narrativa dos julgamentos por alta traição aí realizados é claramente a de uma testemunha ocular. Nesse retorno, Amiano lê bastante sobre história, geografia e ciências em virtude da elaboração de sua obra, permanecendo em Antioquia até a morte de Valente em 378, por ocasião do desastre de Adrianópolis. Decidido a escrever sua obra em Roma, Amiano para lá se dirige, optando pela rota terrestre através da Trácia, muito provavelmente com o intuito de recolher material para a sua *História*. Antes de 383, encontramo-lo radicado em Roma. Nesse ano, devido à crise no abastecimento de víveres à cidade, ocorre a expulsão dos estrangeiros domiciliados na *Urbs*. Se a medida atingiu ou não Amiano, não sabemos ao certo, havendo autores que se inclinam por uma ou outra versão[8]. De qualquer modo, mesmo que tenha sido expulso, isso provavelmente se deu por um curto período, pois Amiano logo se familiariza com os círculos literários de Roma dos quais faziam parte autores como Símaco, Nicômaco Flaviano, Eutrópio, Aurélio Vítor, Donato e Claudiano[9]. Não sabemos ao certo a data de falecimento de Amiano. Thompson e Galletier, no entanto, supõem que a sua obra teria sido

---

[7] *Op. cit.*, p. 11.

[8] Assim é que para Thompson (op. cit., p. 14), Amiano teria sido incluído na lista dos que deveriam deixar a cidade. Rolfe (introdução a Ammianus Marcellinus, *History*, English translation by J. C. Rolfe, Cambridge, Harvard University Press, 1950, p. xiv), ao contrário, supõe que o título de *perfectissimus* portado por Amiano o teria preservado de tal desonra.

[9] Thompson, *op. cit.*, p. 17.

170   História e retórica

finalizada por volta de 397[10], o que nos fornece uma estimativa razoá-
vel sobre o tempo de vida do autor.

Os *Rerum Gestarum Libri*

A obra de Amiano intitulava-se, ao que tudo indica, *Rerum Gestarum Libri*, conforme nos dá notícia, no século VI, Prisciano. O plano inicial da obra compreendia 25 livros, aos quais foram acrescidos posteriormente mais seis, perfazendo um total de 31 livros, que cobriam a história do Império Romano da ascensão de Nerva, em 96, à morte de Valente, em 378[11]. Desses 31 livros, os treze primeiros, referentes ao período de 96 a 353, já se encontravam perdidos por volta do século VI. Hoje, da obra só restam os livros XIV a XXXI, os quais compreendem os 25 anos decorridos entre o ingresso de Amiano no Estado-Maior de Ursicino e a morte de Valente. Ainda que o desaparecimento dos livros I a XIII seja passível de lamentação, é importante assinalar que a seção da obra que se perdeu foi justamente aquela cuja narrativa dependia da compilação de fatos narrados por outros autores, ao passo que os livros que subsistiram contêm a descrição dos acontecimentos contemporâneos a Amiano e para os quais suas fontes de informação eram não apenas confiáveis, mas também variadas, o que inclusive determinou a alteração na escala temporal da narrativa. Os livros I a XIII abarcavam 257 anos de história, ao passo que os demais abarcam apenas 25. A diversidade das fontes à disposição de Amiano sem dúvida contribuiu para uma maior densidade do relato, que se torna então mais detalhado e preciso. A contagem do tempo segue, por um lado, a antiga tradição analística de narrar os fatos por anos consulares e, por outro, o método de organização da narrativa de acordo com a alternância entre verão e inverno, a exemplo do que ocorre em Tucídides[12]. Cumpre

---

[10] Thompson, *op. cit.*, p. 18 e Galletier, *op. cit.*, p.18.

[11] As edições aqui utilizadas são as seguintes: Ammianus Marcellinus, *History*, English translation by J. C. Rolfe, Cambridge, Harvard University Press, 1950, e Ammien Marcellin, *Histoire*, livres XIV-XVI, texte établi et traduit par Édouard Galletier, Paris, Belles Lettres, 1968.

[12] Rolfe, *op. cit.*, p. xvii.

História, verdade e justiça em Amiano Marcelino   171

notar que muito embora cada um dos livros que compõem a *História* se estruture a partir de um eixo central de natureza política, Amiano não se limita a construir um discurso linear e contínuo sobre o andamento da política imperial. Pelo contrário, sua obra é permeada de digressões geográficas, religiosas, filosóficas e científicas que nos permitem apreender o Império Romano na sua multiplicidade, servindo assim como um compêndio de saberes eruditos e curiosidades transmitidas a um público ávido por conhecimento[13].

Para a composição de sua obra, Amiano recorreu a um extenso conjunto de textos, tanto gregos quanto latinos, ainda que a menção ao nome dos autores consultados não seja um procedimento comum. Oriundo de um ambiente cultural fortemente influenciado pela retórica, Amiano apresenta uma notável familiaridade com os poetas e prosadores greco-romanos, tanto os antigos quanto os contemporâneos, como convém a um "escrupuloso leitor de obras antigas" (XVI,7,9). Dentre aqueles citados em sua *História*, Cícero é o mais freqüente, seguido de Virgílio[14]. Tito Lívio e Tácito, por sua vez, não aparecem nomeados em nenhuma passagem, embora a narrativa de Amiano apresente semelhanças inequívocas com ambos[15]. Além destes, Amiano consultou diversos outros autores, tais como César, Aulo Gélio, Valério Máximo, Plínio, o Velho, Floro, Plauto, Terêncio, Salústio, Horácio, Ovídio, Lucano, Sêneca, Ptolomeu, Mário Máximo, Eratóstenes, Timágenes, Estrabão, Dião Cássio, Herodiano e Dexipo. Do seu tempo, conhecia certamente os *Anais* de Nicômaco Flaviano, hoje perdidos, bem como os trabalhos de Aurélio Vítor e Eutrópio. Já a hipótese de que Amiano teria consultado a obra de um grego anônimo, seguidor do método de Tucídides e os diários da campanha da Pérsia escritos por um certo Magno de Carras é, segundo Laistner[16], simplesmente indemonstrável. Afora os autores clássicos, Amiano recorreu também, para a história do seu tempo, a documentos

---

[13] Camus, *op. cit.*, p. 96.

[14] André e Hus, *op. cit.*, p. 193.

[15] Camus, *op. cit.*, p. 70.

[16] M. L. W. Laistner, *The Greater Roman Historians*, California, California University Press, 1977, p. 154.

172 História e retórica

oficiais consignados nos *tabularia publica* e nos *comentarii principum,* bem como a mensagens enviadas pelo *comitatus* (o governo central) aos governos provinciais. Amiano se baseou ainda em depoimentos de testemunhas oculares, como Eutério, *praepositus sacri cubiculi* de Juliano, e às suas próprias anotações de viagem e reminiscências. Por tudo isso, qualquer tentativa de reduzir a obra de Amiano à *contaminatio* de autores antigos é insustentável, não havendo razão para acreditar que o seu trabalho careça de rigor e originalidade. A esse respeito, talvez fosse oportuno recordar que para os seis últimos livros da sua *História*, Amiano não teve condições de consultar nenhuma obra específica, porquanto nenhuma havia sido escrita, o que o obrigou a explorar outros tipos de fontes. No que diz respeito ao estilo literário adotado, quando tomamos consciência da familiaridade de Amiano com os principais escritores latinos, o que o habilitava a introduzir na sua narrativa termos e frases literárias abundantes, torna-se praticamente impossível acreditar que nosso autor tenha aprendido o latim durante a sua experiência na caserna, como supõem Rolfe e Thompson[17]. Melhor seria admitir, como o fazem Laistner e Galletier, que Amiano tenha sido instruído na retórica latina de seu tempo recebendo, portanto, uma formação bilíngüe[18].

A obra de Amiano foi escrita em partes, provavelmente entre os anos de 383 e 397. Ao longo desse tempo, o principal meio de divulgação adotado foi, sem dúvida, a *recitatio*, ou seja, a leitura pública feita pelo autor para um seleto círculo de pessoas aptas a acompanhar com atenção um texto extenso e erudito como o de Amiano[19]. A acolhida do público à obra parece ter sido bastante favorável, como nos informa Libânio (Ep. 233, t. X), em sua carta de 392, na qual congratula o seu compatriota pelo sucesso obtido em Roma nos seguintes termos:

> Eu o felicito de estar em Roma, como eu felicito Roma por tê-lo. Você está, com efeito, em uma cidade à qual nada no mundo se compara. Ela mesma o

---

[17] Rolfe, *op. cit.*, p. xx e Thompson, *op. cit.*, p. 16-17.

[18] Laistner, *op. cit.*, p. 147 e Galletier, *op. cit.*, p. 8.

[19] G. Cavallo e R. Chartier, *História da Leitura no Mundo Ocidental*, São Paulo, Ática, 2002, p. 82.

conta entre os cidadãos que têm os deuses por ancestrais e seu lugar aí não é o último. Seria, portanto, muito honroso viver, mesmo em silêncio, em uma tal cidade e escutar os discursos pronunciados por outros, pois Roma nutre em seu seio numerosos oradores que seguem os passos de seus pais. Mas, se eu creio naqueles que chegam daí, você mesmo tem tomado parte nas leituras e o fará ainda, uma vez que sua história foi dividida em várias partes e que os elogios recolhidos pela parte já conhecida do público exigem uma outra. Eu ouço dizer que Roma, ela mesma, coroa seus trabalhos e que os sufrágios atestam que você ultrapassou alguns e que não é inferior a outros. Isso honra não apenas o escritor, mas a nós também, de quem você é concidadão. Continue a executar tais obras e, quando as apresentar em suas reuniões, não se canse de ser admirado, mas faça sua glória mais brilhante, ao mesmo tempo que a nossa. Pois é isso o que ocorre com um cidadão de boa fama: seus próprios méritos são o ornamento de sua pátria. Seja, portanto, sempre muito feliz.

Por intermédio de Libânio, somos informados de que Amiano gozou de um certo prestígio em Roma. Na época de redação da carta, os 25 livros previstos no plano original já teriam sido publicados, sendo o autor estimulado pelo público a escrever os seis restantes. A epístola de Libânio nos auxilia também a esclarecer o grau de domínio do latim alcançado por Amiano, um grego de nascimento. Concorrendo em um ambiente literário bastante competitivo, como era o de Roma, nosso autor se pretende herdeiro da literatura latina diante de oradores instruídos nos discursos dos mestres do passado, o que, pelo que sabemos, não resultou em nenhum demérito para Amiano. Pelo contrário, como menciona Libânio, Amiano disputava em igualdade de condições com os demais escritores, o que só poderia ter se dado por intermédio da sua habilidade em se exprimir na língua latina. Quanto a isso, o fato de Amiano ter, nas suas digressões de caráter científico, recorrido à transcrição latina de termos gregos não deve ser considerado um indício de falta de competência no latim, como supõe Camus[20], mas um recurso comum no mundo antigo em virtude dos avanços gregos no campo do pensamento filosófico e científico.

---

[20] Camus, *op. cit.*, p. 32.

174   História e retórica

Quando tomamos conhecimento da receptividade da obra de Amiano entre o público de Roma em finais do século IV, não podemos deixar de nos surpreender com as escassas referências posteriores ao seu trabalho, o que se conjuga com o súbito desaparecimento dos treze primeiros livros da *História*. De fato, no fim da Antiguidade apenas dois autores mencionam Amiano: Libânio, na já citada epístola de 392, e Prisciano, que, no século VI, lhe dedica umas poucas linhas. Sabemos também que, por essa mesma época, Cassiodoro leu Amiano e imitou o seu estilo[21]. Sobre a conservação e transmissão da obra à posteridade, supõe-se que por volta do século VI teria sido executado, na Germânia, um manuscrito em *scriptura scottica* a partir do qual foram confeccionados, no século IX, os manuscritos Hersfeldensis e Fuldensis[22]. O primeiro, conservado na abadia de Hersfeld, foi consultado no século XVI por Segismundo Gelênio, que realizou muitas emendas ao texto. Em seguida, o Hersfeldensis se perdeu, restando atualmente apenas seis páginas do documento. Já o Fuldensis gozou de melhor destino: descoberto por Pogge em 1417, foi trasladado para a Biblioteca do Vaticano, onde se encontra até hoje. A partir dele, ainda no século XV, foram copiados outros quatorze manuscritos, dispersos pela Itália e pela França. A primeira edição impressa da obra de Amiano deu-se em Roma, em 1474, por conta do poeta Ângelo Sabino. Essa edição, entretanto, não era completa, recolhendo apenas os livros XIV a XXVI. Em 1533, Gelênio, então auxiliar de Jerônimo Froben, publicou outra edição incompleta de Amiano. Somente em 1546, em Bâle, Gelênio finalmente concluiu a publicação integral do texto. A partir de então, os eruditos posteriores se dedicarão à exegese de Amiano. A primeira edição explicativa e crítica dos *Rerum Gestarum Libri* surge em 1609, pelas mãos de Frédéric Lindnbrog. Alguns anos depois, em 1636, vem a público, em Paris, a célebre edição de Henri de Valois. Ambas as edições, no entanto, se baseavam em um ou outro manuscrito, de maneira que a fixação do texto de Amiano a partir do confronto de todos os manuscritos subsistentes teve de esperar o

---

[21] Thompson, *op. cit.*, p. 19.

[22] Rolfe, *op. cit.*, p. xiv.

empenho de Clark, pesquisador da Universidade de Yale que, entre 1910 e 1915, publicou uma edição primaz destinada a se tornar a base de todas as demais traduções para o vernáculo[23].

História e Verdade

A escrita da história experimentou, no Baixo Império, um novo impulso em vista dos trabalhos de autores como Amiano Marcelino, Nicômaco Flaviano, Eunápio, Olimpiodoro, Prisco e Zózimo, e isso sem mencionar os autores cristãos, responsáveis pela criação de uma nova tradição historiográfica cujas características escapam aos objetivos do presente artigo. Além da produção de obras originais, observamos ainda, no período em questão, um esforço para manter ou retomar o contato com os escritores antigos, dentre eles os historiadores. Tucídides, Tito Lívio, Salústio e Tácito permanecem como modelos literários, produzindo-se também novas recensões de obras antigas, como as de Tito Lívio e Cornélio Nepos, patrocinadas por Nicômaco Flaviano e Ausônio, respectivamente[24]. Esse crescimento de interesse pela história, no entanto, contrasta vividamente com o lugar ocupado pela disciplina no contexto do Baixo Império, uma vez que a história não fazia parte do currículo ensinado nas escolas nem os historiadores eram, na cidade, os detentores de um ofício específico, a exemplo do que ocorria com os oradores, os poetas e os filósofos. Afora Nicômaco Flaviano, que se intitula *historicus disertissimus*, ou seja, "o historiador mais hábil em falar", nenhum dos outros se assume como tal[25], preferindo a posição de diletantes. E, no entanto, a história cumpria para a sociedade romana um papel sem dúvida significativo, como comprovam as obras que nos restaram e o interesse do público demonstrado nas *recitationes*.

---

[23] Galletier, *op. cit.*, p. 41 e ss.

[24] Sobre a reação do paganismo no final da Antigüidade, uma boa síntese pode ser encontrada em J. Vogt, *La decadencia de Roma; metamorfosis da cultura antigua* (200-500), Madrid, Guadarrama, 1968, p. 170 e ss.

[25] A. Momigliano, *La historiografia grega*, Barcelona, Critica, 1984, p. 106-107.

176   História e retórica

No Baixo Império, a história segue ainda de perto os padrões herdados da mais alta Antigüidade. Distanciando-se, tanto quanto possível, das narrativas puramente mitológicas, os historiadores dos séculos IV e V se mantêm fiéis ao critério de verdade à semelhança do que outrora haviam pretendido os gregos. Cícero e seus contemporâneos, por sua vez, haviam reiterado o princípio de que a história se definia pela narrativa de fatos verdadeiros, dos quais se podia controlar a veracidade, ao contrário das biografias e anedotas, gêneros cujo compromisso com a fidelidade dos acontecimentos era bem menos estreito[26]. Tal compreensão da história se encontra presente em diversas passagens da obra de Amiano, como, por exemplo:

> Na medida em que pude buscar a verdade, eu narrei os fatos que a minha idade me permitiu ser testemunha ocular ou que ela me permitiu aprender interrogando minuciosamente aqueles que estavam envolvidos, seguindo a ordem dos acontecimentos diversos que expus (XV,1,1,).

E ainda:

> Minha narrativa não será daquelas que dispõem com arte a mentira engenhosa, mas daquelas em que se exprime a incorruptível verdade da história, fundada sobre provas evidentes e tocará, pouco se é necessário, ao domínio do panegírico (Elogio de Juliano César) (XVI,1,3).

Amiano se define, assim, como um autor em busca da *verdade histórica*, o que o leva a confrontar opiniões diversas na impossibilidade de contar com a observação direta e a recusar os cânones próprios dos panegíricos, escritos de enaltecimento das grandes personagens que, de acordo com as disposições do homenageado e da platéia, omitiam, distorciam e exageravam os fatos no esforço de causar uma impressão favorável[27]. O

---

[26] *Idem, Problèmes d'historiographie ancienne et moderne*, Paris, Gallimard, 1983, p. 121.

[27] Detalhes sobre a composição dos panegíricos em Roma podem ser obtidos por meio da obra de M. J. Rodríguez Gervás, *Propaganda política y opinión publica en los panegíricos latinos del Bajo Imperio*, Salamanca, Universidad de Salamanca, 1991.

História, verdade e justiça em Amiano Marcelino   177

compromisso com a verdade histórica, no entanto, não exigia do historiador uma atenção a todo e qualquer detalhe. Muito pelo contrário, de acordo com a concepção de história de Amiano, o conteúdo da narrativa histórica não era constituído de minúcias vãs, mas sim de generalidades significativas, como podemos constatar na seguinte passagem:

> Tendo narrado o curso dos eventos com o mais estrito cuidado frente aos limites da época atual, eu havia determinado retirar meu pé das trilhas mais familiares, em parte para evitar os perigos que estão freqüentemente associados com a verdade, em parte para escapar das críticas improcedentes sobre o trabalho que estou compondo, as quais apontam como errado se alguém falhou em mencionar o que um imperador disse à mesa; ou se deixou de lado a razão pela qual soldados comuns foram conduzidos diante do estandarte para punição; ou se numa narrativa de amplas regiões não deveria ter silenciado a respeito de algumas fortalezas insignificantes; ou se o nome de todos os que vieram juntos reverenciar o pretor foram omitidos e muitos assuntos similares, que não estão de acordo com os princípios da história. Estas memórias são pouco dignas da gravidade da história, que vê somente generalidades e desdenha os detalhes secundários. D'alhures, obrigar-se a revelá-los todos seria loucura, do mesmo modo que desejar nomear os corpúsculos que preenchem o espaço e que nós chamamos átomos (XXVI,1,1).

Em Amiano, o trabalho com a história não equivale à compilação enciclopédica dos fatos, como alguns contemporâneos seus parecem pressupor, mas à organização do material recolhido segundo critérios que lhe permitam identificar, dentro do turbilhão dos acontecimentos, o que é essencial e o que é acessório, surgindo assim a narrativa histórica como o resultado de uma depuração. Mas, o que seria digno de registro por parte do historiador? Em primeiro lugar, os acontecimentos relacionados com as vicissitudes da política imperial, as intrigas da corte e as batalhas, às quais Amiano dedica páginas extensas. Em segundo lugar, os discursos dos imperadores, como documentos oficiais que são. Fiel ao método de trabalho de autores como Salústio, Lívio e Tácito, os quais tinham por hábito registrar os discursos proferidos diante do

178   História e retórica

Senado ou dos *comitia*, Amiano introduz em sua obra treze discursos, sendo que dez dentre eles são arengas dos imperadores às tropas, como convinha a um tempo em que o debate político era somente uma lembrança. Nenhum dos discursos conservados por Amiano, entretanto, é considerado autêntico[28]. Em terceiro lugar, as características particulares dos soberanos. Na obra, observa-se a confluência da analística com a biografia que vinha se delineando já há algum tempo, uma vez que, ao término de cada reinado, o autor elabora um retrato dos vícios e das virtudes do príncipe, procedimento tomado de empréstimo, ao que tudo indica, a Mário Máximo, escritor dos séculos II e III responsável por um conjunto de biografias intitulado *Doze Césares*, hoje perdido[29]. Amiano preocupa-se também em apontar os vícios da sociedade romana de seu tempo, tanto os da elite quanto os do povo comum. Por fim, Amiano descreve o ambiente geográfico e cultural do império, o que lhe foi facilitado pelas inúmeras viagens que empreendeu. Sua obra é composta, em boa medida, pelo catálogo das gentes, não apenas daquelas que habitavam o *orbis romanorum*, mas também dos bárbaros, cuja presença nesse momento começa a inquietar os romanos. Além disso, Amiano escreve também sobre religião e ciência, esta última sob a forma das assim denominadas *quaestiones naturales*, ou seja, os fenômenos naturais que sempre excitaram a curiosidade dos antigos, como, por exemplo, tremores de terra, eclipses, meteoros, cometas, produzindo assim um compêndio de saberes que poderiam interessar aos homens cultos que constituíam a sua audiência.

Podemos dizer que o objetivo principal de Amiano, ao escrever sua obra, era o de alertar os seus contemporâneos sobre as súbitas mudanças na organização política do império e sobre a corrupção dos costumes que levava os romanos a se afastarem dos modelos ancestrais, como se dava amiúde entre os historiadores antigos[30]. Isso explica o apego de Amiano aos *exempla*, ou seja, os exemplos célebres do passado que são

---

[28] Laistner, *op. cit.*, p. 151.

[29] Galletier, *op. cit.*, p. 25.

[30] Momigliano, *La historiografia grega*, p. 52.

retomados a fim de exaltar as virtudes dos cidadãos e sublinhar os vícios, num esforço pedagógico de transmissão de uma doutrina moral útil à preservação da cidade[31]. Nesse sentido, não é possível identificar, em Amiano, uma "filosofia da história" propriamente dita, visto que seu interesse reside menos no desvendar de um *telos*, de uma finalidade subjacente ao processo histórico que se encontraria no futuro, do que na identificação de situações do passado que deram ensejo à corrupção pública e que devem, no presente, ser evitadas. Assim, a história em Amiano continua a desempenhar um papel pedagógico e moralizante, como se constata na obra dos demais historiadores greco-romanos. Desse modo, a história para Amiano representa uma modalidade particular de leitura do passado capaz de antecipar, em alguma medida, o desenrolar dos acontecimentos futuros e prevenir os homens acerca do seu destino. A revelação do sentido subjacente ao fluxo da história não é remetida, assim, para o tempo futuro, mas se encontra encerrada no passado, cabendo ao historiador evocá-lo como princípio de inteligibilidade do presente e prenúncio do porvir, de maneira que os esquemas de funcionamento da história permanecem inalterados entre o passado, o presente e o futuro[32]. Sendo assim, podemos afirmar que a concepção de história de Amiano é muito mais genealógica do que teleológica.

A concepção de história de Amiano comporta, por outro lado, o apego a um princípio místico que a torna, em certa medida, uma metahistória. De fato, se Amiano não deixa de se referir, em mais de uma ocasião, à capacidade de o homem recorrer, no momento do agir, à *virtus*, ou seja, à sua própria iniciativa e vontade, o que lhe permite construir a história no sentido de ação resultante do desejo humano, tal capacidade se encontra condicionada, ao fim e ao cabo, por uma entidade sobrenatural responsável pelo equilíbrio cósmico identificada com a *iustitia*[33], que, segundo Amiano (XIV,11,25-6):

---

[31] J. Le Goff, *História e Memória*, Campinas, Editora da Unicamp, 1994, p. 64.

[32] Löwith, *op. cit.*, p. 19 e ss.

[33] M. C. Dies Goyanes, "Horizonte filosofico-religioso de Amiano Marcelino", *Hispania Antiqua*, 7, 1977, p. 332.

180 História e retórica

É a divindade que pune os crimes ímpios e recompensa as boas ações, Adrastéia, a quem nós damos ainda um segundo nome, Nêmesis. Ela possui a sublime autoridade de uma divindade potente que habita, segundo a opinião dos homens, além do círculo da lua. Segundo uma outra definição, ela é Tutela personificada, que preside com uma capacidade soberana os destinos de cada um: os teólogos de outrora, vendo nela uma filha da Justiça, contam que, desde a mais remota eternidade, ela mantém, lá do alto, os olhos fixos sobre tudo o que se faz sobre a terra. Rainha das causas e juíza dos acontecimentos, é ela que governa a urna das sortes, provoca de quando em quando as reviravoltas da fortuna, dá por vezes a nossas empresas uma outra solução que aquela para a qual tendia o esforço de nossa vontade, subverte e confunde as múltiplas ações dos homens. É ela ainda que, nos liames indissolúveis da necessidade, encerra o orgulho da condição mortal e sua vã desmedida e, alternando sem cessar o momento da elevação e da queda – como ela bem sabe fazer – tanto abate as cabeças altivas dos soberbos e lhes subtrai todo o vigor, quanto faz ascender os bons dos lugares mais baixos e os eleva à felicidade.

Na concepção religiosa de Amiano, a Justiça surge como um amálgama da *Fortuna* e do *fatum*, sendo responsável pelas reviravoltas observadas na vida cotidiana em prol do restabelecimento de um equilíbrio que se perdeu. É como se em Amiano houvesse dois níveis de ação histórica. O primeiro deles, sendo regido pela *virtus* e, por isso mesmo, deixado a cargo dos desejos e caprichos humanos, resultaria sempre em excesso, em desmedida e, no limite, traria a infelicidade. A esse primeiro nível, se sobreporia outro, o da Justiça que, velando pelo bem-estar dos homens, interviria sempre com o objetivo de restituir a harmonia das relações sociais, punindo os maus, elevando os bons e com isso reparando as iniqüidades. Desse modo, em Amiano a lógica do devir histórico escapa, em certo sentido, do horizonte da ação humana na medida em que tal ação culmina, em última análise, com um atentado à ordem cósmica, que se defende esvaziando os homens da sua capacidade de agir e, com isso, restituindo-lhes a felicidade que eles, por conta própria, não são capazes de alcançar. A história para Amiano não é fruto da ação humana tal como um objeto fabricado é o resultado do trabalho artesão, mas uma dimensão constituída por um conjunto de acontecimentos regidos pelos imperativos da ordem cósmica. O homem, agindo de modo livre e desimpedido, só é capaz de produzir a infelicidade. A fim de salvá-lo dele mesmo é que intervém a *iustitia*, lembrando-lhe sempre que a finalidade do homem sobre a terra ou, em outras palavras, o sentido da sua história é ou deveria ser a obtenção da felicidade. Nesse ponto, a história se confunde com a ética, de modo a permitir que prevaleçam apenas as ações moralmente dignas como uma salvaguarda da comunidade política contra a corrupção dos costumes, eterno dilema a atormentar os historiadores na Antigüidade.

Conclusão

Quando refletimos sobre a concepção de história subjacente à obra de Amiano Marcelino, somos tentados a acentuar as continuidades que a tornam tributária de antigos modelos historiográficos que remontam, pelo menos, a Heródoto. Não obstante o fato de Amiano não ter inaugurado nenhuma modalidade inédita de interpretação da História, permanecendo vinculado a uma história pedagógica e moralizante calcada nos *exempla* do passado e na atuação de uma entidade extramundana à qual se atribui, em última instância, a capacidade de intervir no fluxo dos acontecimentos a fim de garantir o equilíbrio cósmico, fundamento da própria comunidade política, no afã de equiparação das ações humanas às realidades naturais, é necessário salientar, à guisa de conclusão, alguns aspectos da sua narrativa que têm o mérito de resguardar a fecundidade de seu pensamento. Em primeiro lugar, ao contrário do que comumente ocorria entre os historiadores romanos, Amiano introduz, em sua narrativa, observações de caráter biográfico e digressões das mais variadas naturezas que rompem, a todo o momento, a linearidade descritiva dos acontecimentos. Ao adotar tal procedimento, Amiano opta por ceder aos imperativos de seu próprio tempo, um tempo no qual a imagem imperial domina todos os setores da vida política, razão pela qual tratar da política no Baixo Império é, em larga medida, refletir

182   História e retórica

sobre as ações dos imperadores e suas disposições de caráter. Por outro lado, ao reservar espaço para a diversidade geográfica e cultural do Império, Amiano exprime uma realidade que começa a se tornar evidente para o homem do século IV: a de que o *Imperium Romanum* é uma entidade absolutamente plural, ainda que conservando, ao centro, a Cidade Eterna.

A defesa feita por Amiano da eternidade de Roma representa mais uma contribuição significativa para a escrita da história no Baixo Império. Se para autores como Políbio a história obedecia a movimentos cíclicos de ascensão e de queda, de maneira que nenhum indivíduo ou instituição se encontraria a salvo das investidas da Fortuna, em Amiano o devir histórico se esvai diante de uma realidade verdadeiramente fundadora: a *Urbs* eterna[34]. A certeza de que Roma vencerá o tempo é um pressuposto indiscutível para Amiano, apesar de todas as calamidades que no presente a afligem. Os *Rerum Gestarum Libri* são, assim, uma declaração de lealdade e de patriotismo a Roma e à sua missão civilizadora, não sendo por mero acaso que um grego de Antioquia decidiu descrever as glórias de seu povo em latim e no próprio centro do mundo. Diante de um império que padecia com as ameaças bárbara e persa e com o desregramento de seus próprios habitantes, Amiano evoca os códigos da moralidade ancestral como um lenitivo para os seus compatriotas, exortando-os a acreditar que Roma será capaz de superar todas as calamidades, como já o fizera outrora, o que o permite concluir que a eternidade da *Urbs* se confunde com a própria eternidade do gênero humano (XIV,6,3).

---

[34] Löwith, *op. cit.*, p. 21.

Sobre os autores

ANA TERESA MARQUES GONÇALVES é professora de História Antiga e Medieval na Universidade Federal de Goiás, e Mestre e Doutora em História pela Universidade de São Paulo.

BRENO BATTISTIN SEBASTIANI é professor de Língua e Literatura Grega na Universidade de São Paulo e Mestre e Doutor em História pela mesma universidade.

FÁBIO DUARTE JOLY é Mestre e Doutor em História pela Universidade de São Paulo. É autor de *Tácito e a Metáfora da Escravidão: Um Estudo de Cultura Política Romana* (São Paulo: Edusp, 2004) e *A escravidão na Roma antiga: política, economia e cultura* (São Paulo: Alameda, 2005).

FÁBIO FAVERSANI é professor de História Antiga na Universidade Federal de Ouro Preto, Mestre e Doutor em História pela Universidade de São Paulo. É autor de *A Pobreza no Satyricon de Petrônio* (Ouro Preto: Editora da Ufop, 1999).

GILVAN VENTURA DA SILVA é professor de História Antiga na Universidade Federal do Espírito Santo e Doutor em História pela Universidade de São Paulo. É autor de *Reis, Santos e Feiticeiros: Constâncio II e os Fundamentos Místicos da Basiléia (337-361)* (Vitória: Edufes, 2003).

184   História e retórica

JULIANA BASTOS MARQUES é Mestre e doutoranda em História pela Universidade de São Paulo.

LUIZ OTÁVIO DE MAGALHÃES é professor de História Antiga e Medieval na Universidade Estadual do Sudoeste da Bahia, Mestre e Doutor em História pela Universidade de São Paulo.

MARIA LUIZA CORASSIN é professora de História Antiga no Departamento de História da Universidade de São Paulo. É autora de *A Reforma Agrária na Roma Antiga* (São Paulo: Brasiliense, 1988) e *Sociedade e Política na Roma antiga* (São Paulo: Atual, 2001).

PEDRO PAULO ABREU FUNARI é professor titular de História Antiga na Universidade Estadual de Campinas. É autor de *A vida Quotidiana na Roma antiga* (São Paulo: Annablume, 2004), *Grécia e Roma* (3ª edição. São Paulo: Contexto, 2004), *Antiguidade Clássica: A História e a Cultura a partir dos Documentos* (Campinas: Editora da Unicamp, 1995), *Arqueologia* (São Paulo: Contexto, 2003), *Roma: Vida pública e Vida Privada* (11ª edição. São Paulo: Atual, 2003), *Império e Família em Roma* (São Paulo: Atual, 2000), *Cultura Popular na Antiguidade Clássica* (São Paulo: Contexto, 1996), e co-organizador de *Historical Archaeology, Back from the edge* (Londres: Routledge, 1999), *Global Archaeological Theory: Contextual voices and contemporary thoughts* (Nova Iorque: Springer, 2005), entre outros.

RENATA SENNA GARRAFFONI é professora de História Antiga na Universidade Federal do Paraná e Mestre e Doutora em História pela Universidade Estadual de Campinas. É autora de *Bandidos e Salteadores na Roma Antiga* (São Paulo: Annablume/Fapesp, 2002) e *Gladiadores na Roma Antiga: dos combates às paixões cotidianas* (São Paulo: Annablume/FAPESP, 2005).

VICENTE DOBRORUKA é professor de História Antiga na Universidade de Brasília e Doutor em Teologia pela Universidade de Oxford. É autor de *História e Milenarismo: Ensaios sobre Tempo, História e o Milênio* (Brasília: Editora da UnB, 2004).